voilà!

Französisch mit Spaß!

Übungen, Rätsel, Spiele und Lerntipps für Anfänger

1

Alexandra Eberhardt
Illustrationen von Rolf Vogt

arsEdition

1. Auflage 2002

Gesamtgestaltung:
Kathi Kappler, Johann Rüttinger
Redaktion: Heike John
Sprachliche Beratung: Isabelle Jane Cecilia

ISBN 3-7607-5843-6

www.arsedition.de

Table des matières

Ein paar Tipps vorweg

Für viele der folgenden Übungen und Rätsel brauchst du ein Blatt Papier und einen Stift, damit du die Lösungen notieren kannst. Zur Kontrolle finden sich alle Auflösungen jeweils am Kapitelende.
Die Übungen bauen nicht zwingend aufeinander auf, d.h. du musst sie nicht alle der Reihe nach lösen, sondern kannst von Kapitel zu Kapitel springen. Im Anhang findest du eine Übersicht über die behandelten grammatischen Themen und die Lerntipps.

Und nun viel Spaß!

Salut, je m'appelle Jean-Claude Lepetit.

Mes parents, Paul et Annie, ont deux enfants, moi et mon frère Fabien, qui est marié avec Marie. Ils ont une fille, Sandrine. Moi, je suis marié avec Christine. Nous avons trois enfants: André n'est pas marié; Claire est mariée avec Serge et ils ont un enfant, Pascal; et Victor. Victor et sa femme Chantal ont deux enfants, Jacques et Céline.

La famille
exercice

6

solutions page 15

Philippe Legrand, le meilleur ami de Serge, te présente sa famille.
Ajoute les substantifs et les articles ou les adjectifs possessifs suivants:
un, ma, mon, sa, son, mes, ses, notre, leur – père, mère, sœur, frère, femme, enfant/fils, parents, beaux-parents, fils, fille, cousin, oncle, tante

Bonjour. Je m'appelle Philippe. ...(1)... , Paul, et ...(2)..., Christine, ont trois enfants: ...(3)... Marie, ...(4)... Georges et moi. Marie est célibataire, Georges et ...(5)... Yvonne ont ...(6)... qui s'appelle Pierre. Je suis marié avec Annie, c'est donc ...(7)... . ...(8)... s'appellent Jean et Claudette. Ce sont ...(9)..., et je les aime bien. Annie et moi, nous avons deux enfants, ...(10)... s'appelle Jacques et ...(11)... s'appelle Emilie. Jacques et Emilie rencontrent souvent ...(12)... Pierre. Jacques adore ...(13)... Georges, mais Emilie n'aime pas ...(14)... Yvonne.

solutions page 15

Qui fait la vaisselle?

Une discussion en famille

Ajoute les pronoms personnels et les formes correctes du verbe **faire**! Voir en bas!

Annie: Qui ......(1) la vaisselle aujourd'hui?

Philippe: Alors, ...(2), j'ai ......(3) la vaisselle hier. ......(4) pense que c'est à ......(5), Jacques.

Jacques: A ......(6)? Mais non! ......(7), ...(8) ......(9) toujours la vaisselle. Aujourd'hui, Emilie doit ......(10) la vaisselle. ......(11) ne travaille pas trop à la maison.

Emilie : ......(12)? ......(13) rigoles! Maman et ......(14), ...(15) ......(16) la cuisine tous les jours. Par conséquent, Papa et ......(17), ...(18) ......(19) la vaisselle.

Philippe: J'en ai assez de cette discussion! Demain, on achète un lave-vaisselle.

fait toi moi elle je faisons vous fais faire faites tu nous

solutions page 15

Charades

Devine les syllabes, prononce-les à haute voix
et tu trouveras l'expression cherchée!

Exemple:
Mon premier est un animal domestique. (chat)
Mon second est un petit animal à très longue queue. (rat)
Mon troisième est une préposition. (de)
Mon tout est un jeu. (charade)

1. Mon premier est un adjectif possessif singulier.
   Mon second est le participe passé du verbe rire.
   Mon troisième signifie le temps écoulé depuis la naissance de quelqu'un.
   Mon tout est une fête de famille très importante ou bien un état civil.

2. Mon premier est un préfixe de verbe signifiant avec/ensemble.
   Mon second correspond à la prononciation de la lettre q.
   Mon troisième est un préfixe signifiant deux.
   J'aime faire mon quatrième dans une piscine ou la mer. Je ...
   Mon tout est un état civil ou bien une manière de vivre ensemble.

Modèles familiaux

In der Charade auf Seite 8 hast du ja bereits zwei Arten des Zusammenlebens gefunden.

Ein möglicher Weg führt vom Leben als Single, d.h. célibataire (m/f), über le concubinage («wilde Ehe», leicht abwertend) / la cohabitation / l'union libre (f) hin zu le mariage. Als rechtlichen Status gibt es in Frankreich seit dem 19. November 1999 den so genannten «Pacs», d.h. pacte civil de solidarité, eine eingetragene Lebenspartnerschaft für hetero- und homosexuelle Paare, die nicht heiraten können oder wollen. Man nennt sie dann die «pacsés».

Am häufigsten sind Familien mit einem oder zwei Kindern, wobei die meisten Mütter weiterhin berufstätig sind. Auch in Frankreich halten die Ehen nicht immer ein Leben lang, «pour le meilleur et pour le pire», wie man sich verspricht: Etwa ein Drittel aller Ehen werden geschieden (le divorce), in der Region Paris sogar die Hälfte.

Häufig wird gar nicht erst geheiratet: In Paris sind etwa die Hälfte aller Haushalte Single-Haushalte.

solutions page 15

Une journée d'une famille française

Trouve les formes correctes des verbes.

A six heures, on ...(1)... (se lever), puis on ...(2)... (se laver), on ...(3)... (s'habiller) et on ...(4)... (prendre) le petit déjeuner ensemble.
A sept heures et demie, on ...(5)... (quitter) la maison. Les parents ...(6)... (aller) au travail, les enfants ...(7)... (aller) à l'école.
A huit heures, on ...(8)... (arriver) au travail ou à l'école, où les cours ...(9)... (commencer) à huit heures et quart.
Entre midi et quart et deux heures, les élèves ...(10)... (prendre) leur déjeuner à la cantine de l'école. Les parents ...(11)... (aller) à la cantine de leur entreprise.
A deux heures, les cours des élèves ...(12)... (continuer), les parents ...(13)... (reprendre) leur travail.
A six heures et demie, tout le monde ...(14)... (rentrer) à la maison.
Les élèves ...(15)... (faire) leurs devoirs, les parents ...(16)... (regarder) la télé ou ...(17)... (lire) un journal.
A huit heures et demie, la famille ...(18)... (prendre) le dîner ensemble. Après, les enfants ...(19)... (se coucher).

solutions page 15

Ah, les parents!

Trouve les réponses de Pascal d'après l'exemple.
Emploie la négation!

Exemple:
Claire: Range tes affaires, s'il te plaît!
Pascal: Non, je ne range pas mes affaires. J'aime le chaos.

1. Claire: Fais tes devoirs!
   Pascal: Non, ...1.... . Ça m'énerve!
2. Claire: Ferme la porte! J'ai froid.
   Pascal: Non, ...2.... . J'ai chaud!
3. Claire: Ne me contredis pas!
   Pascal: Je ....3.... . Je dis seulement ce que je pense.
4. Claire: Ne crie pas si fort!
   Pascal: Je ....4.... . Je parle haut et distinctement.

Claire: Ah, la puberté ...
Pascal: La puberté, c'est le moment où les parents commencent à être difficiles ...

Lerntipp: «Faux amis»

«Mensch, das französische Wort kenne ich, das gibts doch im Deutschen auch!».
Aber – ATTENTION – manchmal handelt es sich um einen so genannten faux ami, also einen «falschen Freund», d.h. das Wort sieht zwar ähnlich aus, aber es bedeutet etwas ganz anderes.

Hier ein paar Beispiele, mit deren Hilfe du die nächste Übung lösen kannst. Natürlich gibt es noch viel mehr Fälle.

allô: Klingt wie «hallo» – das heißt es auch, wird aber nur am Telefon benutzt.
Friseur: Stammt aus dem Französischen, existiert dort aber heute nicht mehr. «Friseur» heißt le coiffeur, «frisieren» heißt coiffer und «Frisur» la coiffure.
net/nette: Das Adjektiv bedeutet «sauber/rein/klar/offen» bzw. «netto», nicht aber das deutsche «nett» – dafür gibt es die Adjektive gentil oder aimable.
gymnase: Das müsste doch «Gymnasium» heißen? – Leider nicht! Es bedeutet «Turnhalle» bzw. «Turnplatz». Im französischen Schulsystem steht für «Gymnasium» entweder collège oder lycée, je nach Altersstufe.
brave: Klingt wie «brav», bedeutet aber «tapfer», bzw. «ehrlich» oder «gutmütig» – das deutsche «brav» heißt auf Frz. sage.
fidèle: Dieses Adjektiv heißt «treu/zuverlässig», nicht «lustig/fidel», dafür gibt es gai oder joyeux.

Attention, les faux amis!

Traduis:

1. «Hallo!
2. Ich heiße Jacques und bin Friseur.
3. Das ist meine Frau Ninette, sie ist sehr nett und auch adrett.
4. Unser Sohn Pierre geht auf das Gymnasium.
5. Und hier ist unser Baby Jeanne.
6. Jeanne ist sehr brav.
7. Unser Hund Asterix ist ein bisschen aggressiv, aber sehr treu.
8. Du findest mich ziemlich konservativ, nicht sehr originell und diesen Text ziemlich idiotisch?
9. Vielleicht, aber du kannst eine Menge lernen!»

solutions page 16

Une souris raconte

Ajoute les articles!

Bonjour, je m'appelle Mimi et je suis ...1... souris de ...2... famille Legrand. Allons voir ce que ...3... membres de ...4... famille font en ce moment.

Annie, ...5... mère lit ...6... livre – oh, c'est très intéressant. Philippe, ...7... père, regarde ...8... actualités à ...9... télé. Emilie, ...10... fille, écrit ...11... lettre à ...12... amie allemande. Jacques, ...13... fils, est au téléphone avec ...14... copain. Très bien, tout est tranquille. Alors moi, je vais à ...15... cuisine pour piquer ...16... peu de fromage. Ça alors! J'ai presque oublié ...17... question ...18... plus importante: Que fait Kasimir, ...19... chat?

Solutions Chapitre 1: La famille

p. 6: *1. Mon père, 2. ma mère, 3. ma sœur, 4. mon frère, 5. sa femme, 6. un enfant/un fils, 7. ma femme, 8. Ses parents, 9. mes beaux-parents, 10. notre fils, 11. notre fille, 12. leur cousin, 13. son oncle, 14. sa tante*

p. 7: *1. fait, 2. moi, 3. fait, 4. Je, 5. toi, 6. moi, 7. Moi, 8. je, 9. fais, 10. faire, 11. Elle, 12. Moi, 13. Tu, 14. moi, 15. nous, 16. faisons, 17. toi, 18. vous, 19. faites*

p. 8: *1. ma, ri, âge: le mariage, 2. con, cu, bi, nage: le concubinage*

p. 10: *1. se lève, 2. se lave, 3. s'habille, 4. prend, 5. quitte, 6. vont, 7. vont, 8. arrive, 9. commencent, 10. prennent, 11. vont, 12. continuent, 13. reprennent, 14. rentre, 15. font, 16. regardent, 17. lisent, 18. prend, 19. se couchent*

p.11: *1. Non, je ne fais pas mes devoirs.*
2. Non, je ne ferme pas la porte.
3. Je ne te contredis pas.
4. Je ne crie pas.

p.13: *1. «Salut!*
2. Je m'appelle Jacques et je suis coiffeur.
3. C'est ma femme Ninette, elle est très gentille/aimable et aussi chic. – Achtung: «adrett» hört sich zwar französisch an, existiert dort aber nicht. Aufpassen bei chic: es ist unveränderlich, d.h. es wird weder im Genus noch im Numerus angeglichen.
4. Notre fils Pierre va au collège/au lycée.
5. Et voici notre bébé Jeanne. – Achte auf die Schreibung!
6. Jeanne est très sage.
7. Notre chien Astérix est un peu agressif, mais très fidèle. – Achte auf die Schreibung von agressif/agressive – nur ein «g»!
8. Tu me trouves assez conservateur, pas très original et ce texte assez idiot? – Achte auf die Endungen! Das Adjektiv heißt conservateur/conservatrice, bzw. original/originale/originaux, bzw. idiot /idiote; originel/originelle bedeutet «ursprünglich».
9. Peut-être, mais tu peux apprendre un tas de choses!»

p.14: *1. la, 2. la, 3. les, 4. la, 5. la, 6. un, 7. le, 8. les, 9. la, 10. la, 11. une, 12. une, 13. le, 14. un, 15. la, 16. un, 17. la, 18. la, 19. le*

Fais gaffe!*

solutions page 27

Les jeunes en France, comme chez nous, n'emploient pas toujours un langage élaboré. Entre eux, ils parlent un français familier. Il y a aussi un certain vocabulaire «branché», c'est à dire «à la mode», qui change vite.

Essaie de trouver les significations en français standard.

Pascal: Salut Emilie, ça va?
Emilie: Bof! Ma copine (1) me casse les pieds (2).
Elle me pique (3) toujours mes fripes (4).
Elle dit que les siennes sont vachement (5) rétros (6).
Pascal: Mais les tiennes sont branchados (7).
Emilie: Oui, mais je les achète avec mon argent de poche.
Et maintenant, je n'ai plus de fric (8).
Pascal: Et ton père?
Emilie: Laisse béton** (9)! J'ai vraiment les boules (10).
J'ai raté (11) le dernier contrôle de maths ...
Pascal: C'est horripilant (12)! Pauvre Emilie!

a) j'ai peur
b) m'énerve
k) laisse tomber
d) je n'ai pas réussi
e) horrible f) vêtements
h) vole g) argent
j) mon amie i) à la mode
c) très l) démodées

** fam.: Fais attention!*
*** Laisse béton!: «le verlan», eine Form der Jugendsprache, bei der Wortsilben vertauscht werden; weitere Beispiele: une meuf (une femme), T'es ouf! (Tu es fou!) u.v.a.*

solutions page 27

Qu'est-ce qu'on dit si on veut faire la connaissance de qn.?

Tu veux faire la connaissance de quelqu'un de ton âge. Qu'est-ce que tu pourrais dire? Cherche parmi les exemples suivants ceux qui te semblent convenables.

a) «Salut, ça va.»

b) «Allô?»

c) «Bonjour, monsieur/madame.»

d) «Je m'appelle XY, et toi?»

e) «Enchanté(e) de faire votre connaissance.»

f) «On danse?»

g) «A qui ai-je l'honneur?»

h) «Bonjour, je suis XY.»

i) «Bienvenue!»

«Se faire la bise»

Wenn man sich in Frankreich begegnet, sollte man einige Regeln beachten, um jemanden richtig zu begrüßen. Normalerweise gibt man sich Küsschen auf die Wangen, auf Französisch heißt das «se faire la bise».

Dabei handelt es sich nicht um einen herzhaften Schmatz, sondern eher um einen Hauch, eine kurze Berührung der beiden Wangen. Üblich ist «la bise» unter Freundinnen, zwischen Mädchen und Jungen bzw. Frau und Mann, unter Familienmitgliedern und guten Bekannten. Bei Jungen und Männern untereinander ist der Wangenkuss eher die Ausnahme und wird nur bei besonderen Anlässen gegeben, z. B. bei Geburtstagen, Hochzeiten etc. Jungen und Männer begrüßen sich mit einem männlichen Händedruck («se donner la main»).

Und wie viele Küsschen sind üblich? Das ist unterschiedlich. Es gibt Gegenden in Frankreich, wo eines ausreicht, mancherorts sind aber auch drei oder sogar vier Küsschen normal. In der Regel küsst man sich zwei Mal: einmal links, einmal rechts. Auf jeden Fall lohnt es sich, erst mal die anderen zu beobachten, bevor man anfängt …

Lerntipp: indirekte Rede/indirekte Frage

Wie du sicher weißt, wird im Französischen die indirekte Rede durch «que» eingeleitet (vor Vokal zu «qu'» verkürzt), die indirekte Frage durch «si» oder das entsprechende Fragewort («si» wird vor «il/ils» zu «s'» verkürzt).

Betrachte folgende Beispielsätze und finde dann die richtige Lösung für den Hinweis unten:

Martine dit: «J'aime Pierre.»
Martine dit qu'elle aime Pierre.

Martine sagt: «Ich liebe Pierre.»
Martine sagt, dass sie Pierre liebt.
Martine sagt, sie liebe Pierre.

Marie: «Est-ce que Martine aime Pierre?»
Marie veut savoir si Martine aime Pierre.

Marie fragt: «Liebt Martine Pierre?»
Marie möchte wissen, ob Martine Pierre liebt.

Beachte:

Im Unterschied zum Deutschen wird bei der indirekten Rede im Französischen vor «que/si» oder das Fragewort ❶ a) ein Komma/b) kein Komma gesetzt und die Wortstellung im Nebensatz ❷ a) bleibt gleich/b) wird verändert. Das «est-ce que» der direkten Frage ❸ a) bleibt in der indirekten Frage erhalten/b) entfällt in der indirekten Frage. Das «que» ❹ a) kann in der indirekten Rede entfallen/b) muss bei der indirekten Rede stehen.

Les joies du portable

solutions page 27

Céline et Jacques ont pris rendez-vous devant l'école, mais Jacques n'arrive pas. Alors, Céline lui téléphone de son portable. Mais la communication est très mauvaise. Complète les phrases. Emploie le discours indirect.

Céline:	Allô, Jacques. C'est moi.
Jacques:	Pardon? C'est qui? La communication est très mauvaise.
Céline:	C'est moi, Céline. Je t'attends depuis une demi-heure devant l'école.
Jacques:	Ah, Céline. Qu'est-ce que tu dis? Je n'ai rien compris.
Céline:	Je dis ..1..... Est-ce que tu viens bientôt?
Jacques:	Pardon?
Céline:	Je veux savoir ..2.....
Jacques:	Maintenant, j'ai compris. Où est-ce que tu es?
Céline:	Quoi? Qu'est-ce que tu me demandes?
Jacques:	Je veux savoir ..3.....
Céline:	Je suis devant l'école et je t'attends depuis une demi-heure déjà. Mais écoute, j'en ai marre – je rentre seule.
Jacques:	C'est comme tu veux, ma chérie.

solutions page 27

Les petites annonces

Difficulté à prendre contact avec qn.?
Pourquoi ne pas regarder les petites annonces?

Essaie de déchiffrer le texte complet.

F. 14 a., jolie bl., gaie, intell., sport.
ch. f. ou g. 14 – 16 a. aimant BD,
sport, mus., voy. pour partager tps libre.
Photo souh.
Ecrire journal réf. 543/14

Humour

Dialogue entre deux amies:

- Ma chérie, je n'ai pas de secret pour notre amie Jeanne.*
- Je le sais, ma chérie.
- Comment?
- Parce que Jeanne n'a pas de secret pour Nadine qui n'a pas de secret pour moi.

** ne pas avoir de secret pour quelqu'un =*
kein Geheimnis vor jemandem haben

Jeune fille:	«Quand je te vois, je pense à la mer.»
Jeune homme:	«Pourquoi? Parce que je suis sauvage, étrange et romantique?»
Jeune fille:	«Non, parce que j'ai mal au cœur.*»

** quelqu'un a mal au cœur =*
jemandem ist schlecht

solutions page 28

Une lettre du correspondant

Voici la première lettre de ton correspondant français. Malheureusement, ta mère l'a déchirée par mégarde. Essaie de la remettre en état.

J'aime beaucoup les langues!

J'ai treize ans

jouer au tennis,

C'est une belle ville

près de l'Allemagne.

le 18 septembre 2002

lire des livres

Je vais au collège

Qui est-tu?

Cher ami/chère amie!

Grosses bises!

Fernand

Je m'appelle Fernand Lebon

J'attends ta réponse

Ecris-moi vite!

à l'est de la France,

Strasbourg,

avec impatience.

et mes matières préférées sont

et j'habite à Strasbourg.

Et toi?

l'allemand et l'anglais.

je suis ton nouveau correspondant français.

Mes hobbies sont

et jouer à des jeux vidéo.

solutions page 28

L'argent de poche

Deux amis discutent:
Cherche les pronoms interrogatifs qu'il faut.

Céline: Salut Pierre, ça va?
Pierre: Comme ci comme ça. Dis, ...1... d'argent de poche est-ce que tes parents te donnent?
Céline: Je reçois normalement 26 euros par mois.
Pierre: 26 euros? C'est bizarre. ...2... est-ce que tu arrives à cette somme?
Céline: Eh bien, c'est facile. On fait le calcul.
Pierre: ...3... calcul?
Julie: On prend mon âge et on le multiplie par deux. Alors: 2 fois 13 font 26. Ça y est.
Pierre: C'est chouette! Et ...4... est-ce que tu reçois l'argent?
Céline: Au début du mois, bien sûr.
Pierre: ...5... est-ce que tu dois acheter avec ton argent de poche? Des vêtements, des cahiers?
Céline: Mais non. Ce n'est que pour mes loisirs. Mais ...6... est-ce que tu me demandes tout ça?
Pierre: Parce que je suis encore fauché*. Je dois tout de suite parler à mes parents. J'ai déjà 15 ans, tout de même ...

a) que
b) quel
c) pourquoi
e) combien
f) quand
d) comment

* *fauché (fam.) = pleite*

solutions page 28

Un bon ami

Qu'est-ce qu'on attend d'un bon ami?
La baguette magique a melangé les lettres.
Peux-tu retrouver les traits de caractère?

Qu'il soit ...

1. abalime
2. umsanta
3. nob
4. stinéstarne
5. steju
6. iga
7. cafit
8. tengli
9. gelintelint

Et qu'il ne soit pas ...

10. yuxenune
11. frassige
12. clipmoqué
13. têbe
14. imasuva
15. manchté

Solutions Chapitre 2: Les amis

p. 17: *1 j), 2 b), 3 h), 4 f), 5 c), 6 l), 7 i), 8 g), 9 k), 10 a), 11 d), 12 e)*

p. 18: *a), d), und h) sind auf jeden Fall gut; f) passt natürlich nur in einer Situation, wo man auch tanzen kann; b) wird nur am Telefon verwendet; für i) müsstest du der/die Gastgeber/in sein; c), e) und g) sind sehr formell und nur unter Erwachsenen üblich.*

p. 20: *1. b), 2. a), 3. b), 4. b)*

p. 21: *1. Je dis que je t'attends depuis une demi-heure.*
2. Je veux savoir si tu viens bientôt.
3. Je veux savoir où tu es.

p. 22: *Fille de 14 ans, jolie blonde, gaie, intelligente, sportive cherche fille ou garçon de 14 à 16 ans aimant les bandes dessinées, le sport, la musique et les voyages pour partager son temps libre.*
Photo souhaitée.
Ecrire au journal sous la référence 543/14.

p. 24: *So könnte ein möglicher Brief aussehen:*
Strasbourg, le 18 septembre 2002
Cher ami/chère amie!
Je m'appelle Fernand Lebon et je suis ton nouveau correspondant français. J'ai treize ans et j'habite à Strasbourg. C'est une belle ville à l'est de la France, près de l'Allemagne. Je vais au collège et mes matières préférées sont l'allemand et l'anglais. J'aime beaucoup les langues!
Mes hobbies sont jouer au tennis, lire des livres et jouer à des jeux vidéo.
Et toi? Qui est-tu? Ecris-moi vite! J'attends ta réponse avec impatience.
Grosses bises!
Fernand

p. 25: *1 e), 2 d), 3 b), 4 f), 5 a) mit Apostrophierung: Qu', 6 c)*

p. 26: *1. aimable, 2. amusant, 3. bon, 4. intéressant, 5. juste, 6. gai, 7. actif, 8. gentil, 9. intelligent, 10. ennuyeux, 11. agressif, 12. compliqué, 13. bête, 14. mauvais, 15. méchant*

Le français en classe

solutions page 39

Voilà quelques phrases qu'on entend souvent en classe.
Que dit l'élève, que dit le prof?

1. Silence!
2. Je ne comprends pas cet exercice.
3. Ça se prononce comment?
4. C'est un travail excellent.
5. Je n'ai pas copié sur mon voisin!
6. Ne vous balancez pas sur vos chaises.
7. J'ai oublié mon cahier à la maison, mais je vous assure que j'ai bien fait mes devoirs.
8. Excusez-moi d'être en retard, mon réveil n'a pas sonné.
9. Calmez-vous et réfléchissez bien.
10. Quelle note est-ce que j'ai à l'oral?
11. Sortez vos cahiers.
12. Pardon, mais je ne sais pas où nous en sommes.

Le système scolaire en France

Das französische Schulsystem ist – im Unterschied zum deutschen – streng zentralistisch organisiert, d.h. für alle Schüler gelten dieselben Richtlinien und Lehrpläne. Die Abschlussprüfungen werden zentral gestellt und anonym korrigiert. Die beste Note ist 20 (sie wird aber fast nie erreicht: Ein Schülerspruch heißt: «La 20 est pour Dieu, la 19 pour le prof, la 18 pour le meilleur élève.»), die schlechteste 0.

Ab 2 Jahren kann ein Kind in Frankreich in den Kindergarten, die école maternelle gehen. Mit 6 Jahren kommt das Kind in die Grundschule, die école élémentaire, die 5 Jahre dauert. Daran schließt sich das 4-jährige collège an, eine Art «Gesamtschule», die unserer Sekundarstufe I entspricht. Hier wird nach Leistung, Begabung und Fremdsprachenwahl unterschieden. Die Klassen im collège heißen sixième, cinquième, quatrième und troisième. Das collège schließt man mit dem brevet ab. Danach folgt entweder das lycée mit der seconde, première und terminale, das zum Abitur, dem baccalauréat (bac), führt, oder das zweijährige lycée professionnel oder eine zweijährige Lehre (apprentissage). Ihre Schulpflicht haben französische Schüler mit 16 Jahren erfüllt, französische Gymnasiasten sind beim Abitur im Schnitt 18 Jahre alt.

solutions page 39

Le chemin des élèves en France

Tu as bien lu le texte précédent?
Alors, pas de problème pour remplir les lacunes de l'aperçu suivant.

âge	classe	école
2 à 6 ans	–	école ... 1 ...
6 à ... 2 ... ans	onzième	école ... 3 ...
	... 4 ...	
	... 5 ...	
	huitième	
	... 6 ...	
... 2 ... à 15 ans	sixième	... 7 ...
	... 8 ...	
	... 9 ...	
	troisième	Certificat: ... 10 ...
15 à ... 11 ... ans	... 12 ...	... 13 ...
	première	
	... 14 ...	Certificat: ... 15 ...

ou bien: lycée professionnel
ou bien: apprentissage

solutions page 39

Une journée typique de Pascal, élève de cinquième

Ajoute les heures.

A ❶ ....  , Pascal se lève. Il se lave et prend son petit déjeuner.

A ❷ ....  , Pascal quitte la maison et prend l'autobus.

A ❸ ....  , Pascal arrive à l'école.

A ❹ ....  , le premier cours commence.

De ❺ .... 

à ❻ ....  , il a quatre cours: français, allemand, mathématiques et histoire/géographie.

A ❼ ....  , Pascal prend son déjeuner à la cantine.

A ❽ ....  , les cours de l'après-midi commencent. Ils durent jusqu'à

❾ ....  .

A ❿ ....  , Pascal prend l'autobus pour rentrer à la maison où il arrive à

⓫ ....  .

Il prend son dîner et fait ses devoirs.

A ⓬ ....  , il se met enfin au lit.

Dans la salle de classe

solutions page 39

La fenêtre est ouverte et le vent a melangé les syllabes. Si tu les remets en ordre, tu trouveras ce qu'il y a dans la salle de classe (15 expressions en total).

reau
on
feuille
hier
re
craie
fes
nêtre
écol
tab
liv
table
pie
seur
éponge
cray
pro
ca
fe
bu
car
co
lo
leau
ban
sty
ier

Lerntipp: Relativsätze

C'est un prof qui est aimable.
C'est un prof que j'aime.

C'est un exercice qui est difficile.
C'est un exercice que je ne comprends pas.

Relativsätze im Französischen sind für Deutsche besonders schwierig, weil abweichend zum Deutschen beim Relativpronomen nicht im Genus (im grammatischen Geschlecht) unterschieden wird. Wichtig ist nur, ob das Relativpronomen

- das Subjekt vertritt (Frage: wer oder was?), dann steht «qui», oder ob es
- ein direktes Objekt vertritt (Frage: wen oder was?), dann steht «que»,

und zwar ohne Unterschied bei Personen und Sachen im Singular oder Plural. Nur «que» wird vor Vokal zu «qu'» verkürzt. Bei Ortsangaben kann auch «où» Relativpronomen sein.

Also merke:

Die Pronomen «qui» und «que» leiten Relativsätze ein.
Spielt das Geschlecht eine Rolle? Aber nein!
Nur «Subjekt» oder «Objekt» heißt die Qual der Wahl –
ob Person oder Sache, ist völlig egal.

solutions page 39

Un bon prof .../ une bonne école ...

Qu'est-ce que c'est? Voilà quelques idées.
Emploie des propositions relatives.

Exemple:
Le prof aide les élèves.
Un bon prof, c'est un prof qui aide les élèves.

Un bon prof ...

1. Le prof est juste.
2. Le prof n'est pas trop sévère.
3. Le prof sait bien expliquer.
4. Le prof a de l'humour.
5. Tout le monde aime ce prof.

Une bonne école ...

6. L'école est près de chez moi.
7. Il y a beaucoup de bons profs à cette école.
8. L'école n'est pas trop grande.
9. Mes amis vont aussi à cette école.
10. J'aime cette école.

solutions page 40

Encore des faux amis!

Voilà du vocabulaire scolaire – attention, il y a un grand risque de faux amis! Cherche les mots allemands et français qui ont la même signification!

21. Referat
8. Gymnasiast/in
1. Abitur
9. Interesse
10. Klassenarbeit/Schulaufgabe
2. Abiturient/in
19. Probe
6. grammatisch
7. Gymnasium
13. Konjunktiv
14. Korrektur
5. Grammatik
4. Diktat
16. Lineal
3. eine Prüfung absolvieren
15. Lektion
22. Student/in
12. Konjugation
17. Mathematik
20. Protokoll
23. Studium
11. Klassenkamerad/in
24. Grundschullehrer/in
18. Plural

i) la règle
o) grammatical
j) le subjonctif
k) le pluriel
l) les études
w) la correction
d) le baccalauréat
p) un exposé
c) le procès-verbal
b) le contrôle
h) le bachelier/la bachelière
n) l'intérêt
q) le maître/la maîtresse
e) la grammaire
m) passer un examen
g) la leçon
u) un étudiant/une étudiante
v) le/la collégien/ne, le/la lycéen/ne
r) le collège, le lycée
s) la dictée
x) le/la camarade de classe
t) les mathématiques
f) la conjugaison
a) une épreuve

solutions page 40

Mme Aimable & M. Sévère

Mme Aimable et M. Sévère ont des façons différentes de parler aux élèves. Trouve leurs propos d'après l'exemple en utilisant l'interrogation pour Mme Aimable et l'impératif pour M. Sévère.

Exemple:
fermer la fenêtre (tu)
Mme A.: Tu fermes la fenêtre, s'il te plaît?
M. S.: Ferme la fenêtre!

1. ouvrir les livres (vous)
2. lire le texte (tu)
3. être tranquille (vous)
4. faire attention (vous)
5. ne pas déranger les autres (tu)
6. ne pas dormir (tu)
7. aller au tableau (tu)
8. finir de bavarder* (vous)

** bavarder: schwätzen*

Humour

Valérie: «Au contrôle d'allemand, j'ai rendu une feuille blanche*.»
Christophe: «Moi aussi.»
Valérie: «Zut alors. Le prof va croire qu'on a copié**.»

** une feuille blanche = ein leeres Blatt*
*** copier = abschreiben*

Le papa de Sylvie est généreux: «Ecoute, Sylvie, à chaque fois que tu auras une bonne note, je te donnerai 10 euros.»
Le lendemain, Sylvie va trouver l'institutrice* et lui demande: «Ça vous dirait** de gagner 5 euros par semaine?»

** l'institutrice = Grundschullehrerin*
*** ça vous dirait de = wären Sie interessiert*

L'institutrice demande à ses élèves:
«Le lion est le roi de la forêt, il n'a peur que d'un seul autre animal. Qui peut me dire lequel?» Valérie lève le doigt et dit: «La lionne.»

Solutions Chapitre 3: L'école

p. 29: *élève: 2., 3., 5., 7., 8., 10., 12.*
prof: 1., 4., 6., 9., 11.

p. 31: *1. maternelle, 2. 11, 3. élémentaire, 4. dixième, 5. neuvième, 6. septième, 7. collège, 8. cinquième, 9. quatrième, 10. brevet, 11. 18, 12. seconde, 13. lycée, 14. terminale, 15. baccalauréat (bac)*

p. 32: *1. six heures et demie, 2. sept heures et quart, 3. huit heures moins le quart, 4. huit heures, 5. huit heures, 6. midi, 7. midi et demie, 8. deux heures/quatorze heures, 9. cinq heures/dix-sept heures, 10. cinq heures vingt/dix-sept heures vingt, 11. six heures moins cinq/dix-sept heures cinquante-cinq, 12. huit heures et demie/vingt heures trente*

p. 33: *banc, bureau, cahier, cartable, copie, craie, crayon, écolier, éponge, fenêtre, feuille, livre, professeur, stylo, tableau*

p. 35: *Un bon prof, c'est un prof 1. qui est juste, 2. qui n'est pas trop sévère, 3. qui sait bien expliquer, 4. qui a de l'humour, 5. que tout le monde aime.*
Une bonne école, c'est une école 6. qui est près de chez moi, 7. où il y a beaucoup de bons profs, 8. qui n'est pas trop grande, 9. où mes amis vont aussi, 10. que j'aime.

p. 36: *1.d), 2.h), 3.m), 4.s), 5.e), 6.o), 7.r), 8.v), 9.n), 10.b), 11.x), 12.f), 13.j), 14.w), 15.g), 16.i), 17.t), 18.k), 19.a), 20.c), 21.p), 22.u), 23.l), 24.q)*

p. 37: *1. Mme A.: Vous ouvrez les livres, s'il vous plaît? M.S.: Ouvrez les livres!*
2. Mme A.: Tu lis le texte, s'il te plaît? M.S.: Lis le texte!
3. Mme A.: Vous êtes tranquilles, s.v.p.? M.S.: Soyez tranquilles!
4. Mme A.: Vous faites attention, s.v.p.? M.S.: Faites attention!
5. Mme A.: Tu ne déranges pas les autres, s.t.p.? M.S.: Ne dérange pas les autres!
6. Mme A.: Tu ne dors pas, s.t.p.? M.S.: Ne dors pas!
7. Mme A.: Tu vas au tableau, s.t.p.? M.S.: Va au tableau!
8. Mme A.: Vous finissez de bavarder, s.v.p.? M.S.: Finissez de bavarder!

Que faire pendant son temps libre?

solutions page 52

Si tu regroupes les lettres, tu trouves des idées pour l'organisation de ton temps libre.

6. erjuo à sed juxe

10. reifa esd crossue

5. arife ud strop

1. erli

4. uroje d'nu strintemun

11. fraie eun adorpmene

8. phétornelé

2. toritrec

12. rimord

9. sandre

7. ralle au mécani

3. técorue ed al quemisu

solutions page 52

L'ordinateur – indispensable pour tout le monde

Voilà tout ce qu'il faut pour travailler ou jouer à l'ordinateur. Trouve les appellations correctes parmi les suivantes.

a) le CD-ROM
b) le clavier
c) le disque dur
d) la disquette
e) l'écran
f) les enceintes
g) l'imprimante
h) le lecteur de CD-ROM
i) le lecteur de disquettes
j) la manette de jeu
k) l'ordinateur
l) le portable
m) la souris
n) le tapis (de la) souris
o) la touche

Sites qu'on doit connaître

Tu cherches des informations sur le français, la France ou un écrivain français? Tu as un problème de grammaire ou de vocabulaire? Tu dois faire un exposé en français?
Pourquoi ne pas consulter l'Internet?

Voici quelques adresses utiles:

Outils de recherche français:
www.fr.yahoo.com
www.nomade.tiscali.fr
www.netscan.fr
www.trouvez.com

Langue française/enseignement du français:
online.anu.edu.au/french/

Exposés:
www.spickzettel.de
www.referate.de

Grammaire/vocabulaire
www.bonjourdefrance.com
www20.wissen.de/xt/default.do?MENUID=40,95,500

solutions page 52

Qu'est-ce qu'on fait ce week-end?

Comble les lacunes avec les mots suivants:
du (4x), au (2x), le (3x), aux (2x), de la (2x).

Pascal: Qu'est-ce que tu fais ce week-end?
Céline: Je ne sais pas encore. J'aime faire ...1... vélo ou jouer ...2... tennis, mais le temps ne va pas être trop beau.
Pascal: C'est dommage. Je voudrais jouer ...3... football avec des amis ou faire ...4... skateboard.
Céline: Ah, je n'aime pas ...5... football. Moi, je préfère ...6... volley. Faire ...7... football, c'est absolument ennuyeux.
Pascal: Pas pour moi. Je n'aime pas ...8... tennis. Le foot, c'est au moins un sport d'équipe. On n'est pas tout seul ...
Céline: Et qu'est-ce qu'on fait s'il pleut?
Pascal: On pourrait jouer ...9... cartes ou ...10... dés. Ou bien on fait ...11... musique.
Céline: Bonne idée! Moi, je joue ...12... violon, et toi, tu joues ...13... guitare.
Pascal: D'accord.

solutions page 52

Quiz de sport

1. Dans quelle discipline est-ce qu'on participe au Tour de France?
a) le cyclisme
b) la course auto
c) le motocyclisme

2. Dans quelle discipline est-ce qu'on ne peut pas marquer un but?
a) le football
b) le handball
c) le volley

3. Quand est-ce que la France a été championne du monde de football?
a) 1990
b) 1994
c) 1998

4. Quel sport est-ce qu'on appelle le «sport national» des Français?
a) le ping-pong
b) les boules/la pétanque
c) le skateboard

5. «Le cochonnet» – qu'est-ce que c'est?
a) un petit cochon de course
b) la petite boule dans le jeu de boules
c) le ramasseur de balles au tennis

6. Quel sport est-ce qu'on fait dans l'eau?
a) la natation
b) l'escalade
c) l'athlétisme

solutions page 52

La musique

Pascal et Céline aiment la musique, mais leurs préférences sont tout à fait différentes.
Cherche les appellations correctes pour les instruments en marge.

Pascal passe beaucoup de temps libre avec son groupe, les «Vaches vertes».
Pascal joue de la .... (1) .
Son ami Luc joue du .... (2) .
Son cousin Jacques joue de la .... (3)
et son amie Mireille chante.

3

1

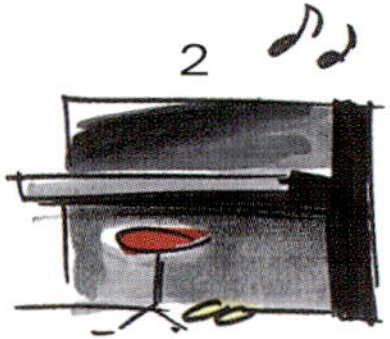
2

Céline aime aussi faire de la musique, mais elle préfère la musique classique.
Elle joue du .... (4) dans un quatuor*.
Son amie Marie joue aussi du .... (4) .
Et son ami Paul joue du .... (5) .
Et puis, il y a Claire qui joue de la .... (6) .

4

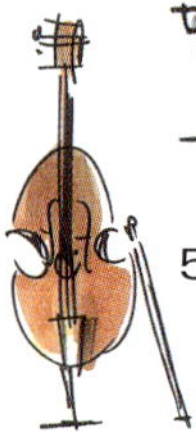
5

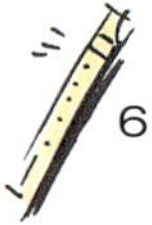
6

Il y a souvent des discussions entre Céline et son frère Jacques, mais parfois, ils jouent ensemble.

*un quatuor = ein Quartett

Lerntipp: Genus des Substantivs

Häufig hilft es, auf die Endungen von Substantiven zu achten. Bei abgeleiteten Substantiven wird durch die Endung (Suffix) nämlich oft auch das grammatische Geschlecht (Genus) bestimmt. Hier einige Beispiele:

Substantive mit folgenden Endungen sind

weiblich (feminin):
- -ade (la baignade)
- -ance (la naissance)
- -(a)tion (la natation)
- -ée (la matinée)
- -ence (une existence)
- -esse (la princesse)
- -ie (la maladie)
- -ise (une expertise)
- -(it)ude (la solitude)
- -té (la beauté)
- -tique (une informatique)
- -ure (une allure)

männlich (maskulin):
- -age (le vernissage)*
- -at (le secrétariat)
- -ing (le jogging)
- -isme (un athlétisme)
- -(e)ment (le développement)

* Wörter auf *-age* sind männlich, wie jeder weiß, nur sechs Ausnahmen gibt es, lern sie mit Fleiß: *la cage, l'image, la nage, la page, la plage, la rage* heißen sie. Merk sie dir gut, vergiss sie nie!

Außerdem gibt es natürlich Suffixpaare für männliche oder weibliche Substantive, z.B. :
- -ant/-ante (un assistant/une assistante)
- -éen/-éenne (un Européen/une Européenne)
- -ier/-ière (un cuisinier/une cuisinière)
- -eur/-euse (un joueur/une joueuse) usw.

Le pendu

Tu as du temps libre, un/e ami/e qui apprend aussi le français et vous ne savez pas quoi faire?
Pourquoi ne pas jouer au pendu?

Il vous faut seulement une feuille et un crayon. Et on y va!
Tu choisis un mot sans le dire à ton ami/e et tu écris la première et la dernière lettre sur le papier. Vous pouvez choisir un sujet avant de commencer, p.ex. le sport. Les autres lettres sont remplacées par des traits. Ton ami/e doit deviner les lettres qui manquent.
Si la lettre nommée n'existe pas dans ton mot, tu commences à dessiner le pendu – pour chaque réponse fausse un trait (onze au maximum).
Quand le pendu est complet, ton ami/e a perdu.
On change les rôles et on recommence.

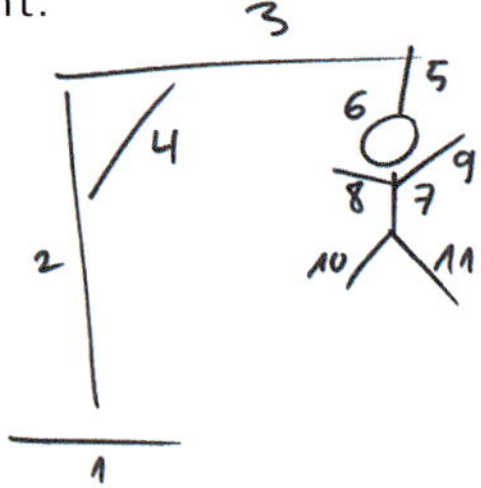

C'est une possibilité excellente de réviser en même temps le vocabulaire, l'orthographe et l'alphabet en français.
Et – c'est drôle!

Exemple:

A _ _ _ _ _ _ _ _ _ E

A t h l é t i s m E

solutions page 52

L'astrologie

Tu t'intéresses à l'astrologie?
Alors, trouve les dénominations correctes pour les signes astrologiques et les dates qui conviennent.
Lis les dates à haute voix.

1. bélier
2. cancer
3. sagittaire
4. verseau
5. capricorne
6. taureau
7. lion
8. vierge
9. gémeaux
10. scorpion
11. poissons
12. balance

a) 20 janvier - 18 février
b) 19 février - 20 mars
c) 21 mars - 20 avril
d) 21 avril - 20 mai
e) 21 mai - 21 juin
f) 22 juin - 22 juillet
g) 23 juillet - 22 août
h) 23 août - 22 septembre
i) 23 septembre - 22 octobre
j) 23 octobre - 21 novembre
k) 22 novembre - 20 décembre
l) 21 décembre - 19 janvier

solutions page 52

Pascal et ses humeurs*

Voici quelques possibilités d'humeur de Pascal.
Imagine ce qu'il fait à chaque occasion.

Exemple:
Quand Pascal a soif, il boit quelque chose.

1. être heureux
2. être triste
3. être fatigué
4. être joyeux
5. être en colère
6. être ennuyé

rire
faire du jogging
téléphoner à ses amis
pleurer
chanter
aller au lit

* *Achtung, nicht verwechseln:* ***l'humeur*** *ist die Laune,* ***l'humour*** *der Humor!*

solutions page 52

Mots croisés

Voilà les loisirs que Pierre préfère pendant son temps libre. Ajoute les lettres qui manquent et tu trouveras son loisir préféré.

1. do _ mir
2. surf _ r
3. man _ er
4. ch _ nter
5. p _ endreunbain
6. _ iscuter
7. fêt _ r
8. _ ire
9. p _ aisanter
10. m _ rcher
11. _ ricoter
12. t _ léphoner
13. _ ire
14. _ crireunelettre

Solutions Chapitre 4: Les loisirs

p. 41: 1. lire, 2. tricoter, 3. écouter de la musique, 4. jouer d'un instrument, 5. faire du sport, 6. jouer à des jeux, 7. aller au cinéma, 8. téléphoner, 9. danser, 10. faire des courses, 11. faire une promenade, 12. dormir

p. 42: 1. k), 2. e), 3. b), 4. o), 5. f), 6. g), 7. m), 8. n), 9. j), 10. c), 11. h), 12. i), 13. d), 14. a), 15. l)

p. 44: 1. du, 2. au, 3. au, 4. du, 5. le, 6. le, 7. du, 8. le, 9. aux, 10. aux, 11. de la, 12. du, 13. de la

p. 45: 1.a), 2.c), 3.c), 4.b), 5.b), 6.a)

p. 46: 1. guitare, 2. piano, 3. batterie, 4. violon, 5. violoncelle, 6. flûte

p. 49: 1.c), 2.f), 3.k), 4.a), 5.l), 6.d), 7.g), 8.h), 9.e), 10.j), 11.b), 12.i)

p. 50: 1. Quand Pascal est heureux, il chante. 2. Quand P. est triste, il pleure. 3. Quand P. est fatigué, il va au lit. 4. Quand P. est joyeux, il rit. 5. Quand P. est en colère, il fait du jogging. 6. Quand P. est ennuyé, il téléphone à ses amis.

p. 51: 1.r, 2.e, 3.g, 4.a, 5.r, 6.d, 7.e, 8.r, 9.l, 10.a, 11.t, 12.é, 13.l, 14.é: regarder la télé

Est-ce que tu connais ces animaux?

solutions page 63

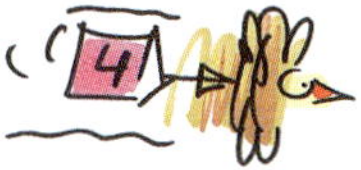

a) un oiseau
b) un cochon
c) une vache
d) une chèvre
e) un chien
f) un mouton
g) un chat
h) un serpent
i) un âne
j) un cheval
k) une mouche
l) un coq
m) un poisson

Alouette*

Voici une chanson enfantine très connue en France.

Ref.: Alouette, gentille alouette,
Alouette, je te plumerai.**

1) Je te plumerai le bec, je te plumerai le bec,
Et le bec, et le bec, Alouette, Alouette! Ah!
2) Je te plumerai les yeux ...
3) Je te plumerai la tête ...
4) Je te plumerai le cou ...
5) Je te plumerai le ventre ...
6) Je te plumerai le dos ...
7) Je te plumerai les ailes ...
8) Je te plumerai la queue ...
9) Je te plumerai les pattes ...

** l'alouette (f.) = die Lerche, ** plumer = rupfen*

solutions page 63

Onomatopées

Weißt du, was ein «onomatopoetisches» Wort ist? Darunter versteht man ein lautmalendes Wort, d.h. eines, bei dem die Aussprache an den Klang erinnert, den es bezeichnet (z.B. «Brummbrumm» für das Geräusch eines fahrenden Autos). So etwas gibt es natürlich auch im Französischen (une onomatopée), z.B. bei Tierlauten.
Versuche, die folgenden Fragen zu beantworten.

1. Quel animal fait «cocorico»?
2. Qui miaule?
3. La cigogne claquette. C'est quel animal en allemand?
4. La grenouille coasse. Comment s'appelle la grenouille en allemand?
5. L'ours gronde ou grogne. C'est qui?
6. Le pigeon roucoule et il vole. C'est quel oiseau?
7. Le hibou hue ou ulule. C'est aussi un oiseau. Lequel?
8. Le dindon glougloute. Cest quel animal?
9. Qui fait coucou?
10. Et enfin: qui fait «wouf, wouf»?

solutions page 63

Le cadeau d'anniversaire

Les phrases du texte suivant sont toutes melangées. Remets les phrases dans le bon ordre.

1. de Céline./Aujourd'hui,/l'anniversaire/c'est
2. ans./Elle/treize/a
3. souhaite/Comme cadeau,/un animal/elle/domestique.
4. préfère/Elle/un chien.
5. les chiens./Mais/n'aime pas/sa mère Chantal
6. aussi/Céline/les chats./aime
7. une allergie/a/de chat./son père Victor/Mais/aux poils
8. qu'il/les lapins./a dit/Jacques/ne supporte pas
9. ne sentent pas/pense/qu'ils/Il/bon.
10. arrivent./les invités/Maintenant,
11. apporte/avec des trous./Mamie*/un grand paquet
12. pleine d'espoir./Céline/le paquet/ouvre
13. trouve/Et/elle/là-dedans?/qu'est-ce qu'
14. cochon d'Inde**!/Un/petit

** mamie = Oma*

*** le cochon d'Inde = das Meerschweinchen*

solutions page 64

Les expressions idiomatiques

En français, il y a beaucoup d'expressions idiomatiques avec des animaux. Souvent, les expressions existent aussi en allemand, mais en allemand on utilise parfois d'autres animaux.
Cherche les expressions qui vont ensemble:

1. se jeter dans la gueule* du loup
2. avoir un chat dans la gorge*
3. écraser* une mouche avec un marteau*
4. être connu comme le loup* blanc
5. acheter chat en poche
6. éveiller le chat qui dort

a) mit Kanonen auf Spatzen schießen
b) sich in die Höhle des Löwen begeben
c) schlafende Hunde wecken
d) einen Frosch im Hals haben
e) die Katze im Sack kaufen
f) bekannt sein wie ein bunter Hund

** la gueule = das Maul, la gorge = der Hals,*
écraser = zerdrücken, un marteau = ein Hammer, le loup = der Wolf

Lerntipp: Eselsbrücken für Vokabeln

Sicher geht es dir auch manchmal so, dass du dir bestimmte Vokabeln einfach nicht merken kannst.

Was tun?

Eine Möglichkeit besteht darin, sich so genannte «Eselsbrücken» zu bauen, und zwar in Form von Merksprüchen oder ausgefallenen Wortverbindungen. Reimt sich das Ganze außerdem noch, so ist der Erfolg fast sicher.

Hier zwei Beispiele:

Le bœuf: der Ochs,
la vache: die Kuh,
le coq: der Hahn,
der Esel bist du!
(Und was heißt «Esel»?
Na klar: l'âne.)

Le chat: die Katz,
le chien: der Hund;
malade heißt krank
und sain gesund.

solutions page 64

Trouve l'intrus

Un mot de chaque série ne va pas avec les autres.
Lequel? Et pourquoi?

Exemple:

serpent, chat, vache, poison, cheval

poison est l'intrus, parce que ce n'est pas un animal

1. chat, coq, cheval, chien, chèvre
2. éléphant, lion, tigre, girafe, antilope
3. perroquet, papillon, abeille, fourmi, pélican
4. bœuf, rhinocéros, bélier, taureau, cheval
5. gorille, souris, fourmi, araignée, hamster
6. tyrannosaure, diplodocus, crocodile, tricératops, stégosaure
7. cochon, bœuf, coq, chien, poisson

solutions page 64

Où sont les animaux?

Un touriste fait un safari. Mais il ne trouve pas les animaux. Regarde l'image et cherche la préposition correcte parmi les suivantes:

à côté de, derrière, devant (2x), sous, sur

L'oiseau est ...(1)... la tête de l'éléphant.
Le serpent est ...(2)... la lionne.
Le lion est ...(3)... la lionne.
L'éléphant est ...(4)... le lion.
La souris est ...(5)... l'éléphant.
Et où sont les touristes? Ils sont ...(6)... leur jeep.

solutions page 64

Virelangues

Tu trouves que le français est une langue pas très facile à prononcer? Alors, voici quelques exemples pour t'entraîner.

Il faut les lire plusieurs fois à haute voix!

Pour les traductions voir la page des solutions à la fin du chapitre.

1. Cinq chiens chassent six chats.
2. trois petites truites crues
3. Ce ver vert sévère sait verser ses verres verts.
4. Trois tortues trottaient sur un trottoir très étroit.
5. Son chat chante sa chanson.
6. Poisson sans boisson, c'est poison.

Humour

Deux sardines voient passer un sous-marin.
- Qu'est-ce que c'est?
- Des hommes en conserve.

L'animal le plus sourd est la grenouille.
Elle demande tout le temps: «Quoi? Quoi?»

Une souris tousse: «Oh, j'ai un chat dans la gorge.*»

** avoir un chat dans la gorge = einen Frosch im Hals haben*

La maman chameau dit à son petit:
«Ecoute, si tu n'es pas sage, tu n'auras pas de désert ...»*

** Beachte das Wortspiel: le désert – le dessert*

Deux petits escargots: «Maman, on peut aller jouer en face?»
La mère: «Une autre fois, pas maintenant.»
Les deux petits insistent.
La maman aussi: «Absolument pas. Dans quatre heures, l'autobus va passer.»

Solutions Chapitre 4: Les animaux

p. 53: 1.e), 2.g), 3.l), 4.a), 5.m), 6.c), 7.b), 8.k), 9.f), 10.d), 11.h), 12.j), 13.i)

p. 55: 1. le coq, 2. le chat, 3. der Storch, 4. der Frosch, 5. der Bär, 6. die Taube, 7. die Eule, 8. der Truthahn, 9. le coucou/der Kuckuck, 10. le chien

p. 56:
1. Aujourd'hui, c'est l'anniversaire de Céline.
2. Elle a treize ans.
3. Comme cadeau, elle souhaite un animal domestique.
4. Elle préfère un chien.
5. Mais sa mère Chantal n'aime pas les chiens.
6. Céline aime aussi les chats.
7. Mais son père Victor a une allergie aux poils de chat.
8. Jacques a dit qu'il ne supporte pas les lapins.
9. Il pense qu'ils ne sentent pas bon.
10. Maintenant, les invités arrivent.
11. Mamie apporte un grand paquet avec des trous.
12. Céline ouvre le paquet pleine d'espoir.
13. Et qu'est-ce qu'elle trouve là-dedans?
14. Un petit cochon d'Inde!

p. 57: *1.b), 2.d), 3.a), 4.f), 5.e), 6.c)*

p. 59:
1. coq: ne commence pas par «ch»
2. tigre: ne vit pas en Afrique
3. fourmi: ne sait pas voler
4. cheval: n'a pas de cornes
5. gorille: n'est pas petit
6. crocodile: n'est pas un dinosaurien
7. chien: on ne le mange pas (en France!)

p. 60: *1. sur, 2. devant, 3. à côté de, 4. derrière, 5. sous, 6. devant*

p. 61:
1. Fünf Hunde jagen sechs Katzen.
2. drei kleine rohe Forellen
3. Dieser strenge grüne Wurm kann seine grünen Gläser eingießen.
4. Drei Schildkröten trotteten auf einem sehr engen Gehsteig.
5. Seine/Ihre Katze singt sein/ihr Lied.
6. Fisch ohne Getränk, das ist Gift. – bzw. Fisch muss schwimmen.

Les transports: qu'est-ce qui va ensemble?

solutions page 75

Exemple:
une trottinette – un utilisateur de trottinette

1) une voiture
2) un train
3) un avion
4) un vélo/une bicyclette
5) une moto
6) un bus
7) un bateau
8) un trottoir

a) un motocycliste
b) un piéton
c) un capitaine
d) un pilote
e) un conducteur de bus
f) un automobiliste
g) un cycliste
h) un conducteur de locomotive

solutions page 75

ABC, XYZ, ... ???

Les Français adorent les abréviations*. Dans le domaine des transports, il y en a quelques-uns qu'il faut connaître. Essaie de trouver les significations correctes. Entre parenthèses, tu vois où ce moyen de transport ou bien cette organisation existe.

1. RER (Paris – banlieue)
a) route d'enfants régionale
b) réseau* express régional
c) rue d'évasion rouge

2. VAL* (Paris)
a) véhicule automatique léger
b) ville d'automobiles limitées
c) voyageur d'automobile libre

3. SNCF (France)
a) standard normal des chemins français
b) service notable pour les citoyens français
c) société nationale des chemins de fer français

4. TGV (France)
a) train à grande vitesse
b) train à grosse vitalité
c) train à grande vérité

5. AF (France)
a) alpinistes français
b) Air France
c) automobile français

** une abréviation = Abkürzung, un réseau = Netz,*
le VAL est un métro automatique sans conducteur

solutions page 75

Le train – un mode de transport très apprécié

Les mots du texte suivant ont été mal coupés.
Essaie de retrouver le texte correct.

Lep remi ermo dede trans portpo url es Fran çai sest lav oit ure. Ma isju ste ap rès, ilyal etra in. Le sFra nça isap pré cient lec onf ort de swa go ns, lapos sibi lit éder éser vati onet lapo nctu al itéd est rains. LaS oci étéN at iona lede sChem in sdeF er, laSNCF, fa itung rand ef for tpo urren drel etra in enco rep lusat tray ant. Ily ade sbil letsà ta rifr édu it, com mepa rex emp le laC arte Je un eo ude sbil lets deg ro upe. LeT G Vper meta uvo yage ur d'at te indres ades tina ti onpar fo isplu svit equ' ena vion. Etc'es tmo insche rd'al le renTGV. Enp lus, letra incau sem o insde pol luti onde l'a irqu elav o itur eoul' av ion. Ento tal, le trai nestu nmod edet ran sport to utà fa itrec omme ndab le.

Vocabulaire:
apprécier = schätzen, atteindre = erreichen, causer = verursachen, pollution = (Umwelt-)Verschmutzung, recommendable = empfehlenswert

Le TGV Méditerranée

Au 17e siècle, on mettait trois semaines pour aller de Paris à Marseille. Il y a trente ans, le voyage en train de nuit durait encore douze heures et demie.

Depuis le 7 juin 2001, il ne te faut que trois (!) heures pour aller de Paris à Marseille, car ce jour-là, le TGV Méditerranée a été inauguré par le Président de la République.

«TGV», ça veut dire «Train à Grande Vitesse». Le premier TGV reliait Lyon à Paris au début des années 80 du siècle dernier. En service commercial, le «TGV Med» – tout en bleu et argent – atteint une vitesse de 300 km/h. Air France s'attend à une baisse de traffic entre Paris et Marseille d'environ 25 %, parce que beaucoup de voyageurs préfèrent le TGV Med à cause de son confort, ses facilités de réservation, sa ponctualité et ses tarifs moins chers: l'aller simple en deuxième classe en 2001 coûte environ 70 euros.

solutions page 76

Au guichet de la SNCF à Paris

Sandrine veut rendre visite à une amie qui habite à Marseille. Mais d'abord elle doit s'informer sur le billet.

Ajoute les formes correctes des verbes.

Sandrine:	Bonjour, monsieur.	
Le vendeur:	Bonjour, mademoiselle. Vous ...(1)...?	! désirer
Sandrine:	Je ...(2)... aller à Marseille demain.	! vouloir
	Je ...(3)... arriver environ à trois heures.	! devoir
	Quel train est-ce que je ...(4)... prendre?	! pouvoir
Le vendeur:	Vous ...(5)... prendre le TGV Med à 11.30 heures.	! pouvoir
Sandrine:	A onze heures et demie? Mais vous ...(6)... bien	! savoir
	que je ...(7)... absolument y être à quinze heures.	! devoir
Le vendeur:	Je ...(8)..., mademoiselle. Pas de problème!	! savoir
	Le TGV Med ne ...(9)... que trois heures pour cette distance.	! mettre
Sandrine:	Trois heures? C'est phénoménal!	
	Alors, je ...(10)... le TGV.	! prendre

solutions page 76

Pardon, quel est le chemin ...?

Un touriste s'est perdu au centre-ville.
Il te demande le chemin pour aller à la cathédrale.
Tu veux bien lui décrire le chemin.
Regarde bien le plan et écris ta déscription sur une feuille de papier. Voilà quelques éléments pour t'aider:

être ici – aller tout droit – tourner à droite/à gauche – les feux (Ampel) – un carrefour (Kreuzung) – continuer son chemin

Voici le plan de la ville:

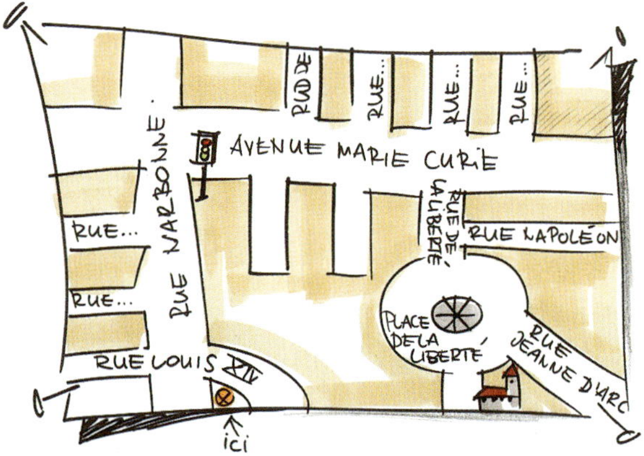

Lerntipp: Demonstrativbegleiter

Mithilfe der Demonstrativbegleiter **ce**, **cet**, **cette** und **ces** kannst du auf etwas oder jemanden hinweisen. Du musst dir aber darüber im Klaren sein, ob das Nomen, auf das du hinweisen möchtest, maskulin oder feminin ist und ob es im Singular oder Plural steht. Merke dir folgende Übersicht:

	maskulin		feminin
	beginnt mit Konsonant	*beginnt mit Vokal oder stummem h (h muet)*	
Sg.	**ce**	**cet**	**cette**
z. B.	monsieur	avion/hôtel	femme
Pl.	**ces**	**ces**	**ces**
z. B.	messieurs	avions/hôtels	femmes

Verstärken kannst du den Hinweis noch mit einem an das Nomen angehängten -là, z. B. ce monsieur-là.

Achtung:

Es besteht – vor allem beim Diktat – Verwechslungsgefahr zwischen den Demonstrativ- und den Possessivbegleitern, denn sie werden genau gleich ausgesprochen. Achte hier besonders auf den Satzzusammenhang!

se - ce
ses - ces

solutions page 76

A l'aéroport

Les vacances ... Pascal et ses parents veulent partir à l'île de la Réunion. Comme la plupart des longs courriers*, leur avion décolle* à l'aéroport Paris-Charles-de-Gaulle. Ils descendent de leur taxi et cherchent leur porte de départ. Mais c'est assez difficile ...

Ajoute les adjectifs démonstratifs **ce**, **cet**, **cette** et **ces**.

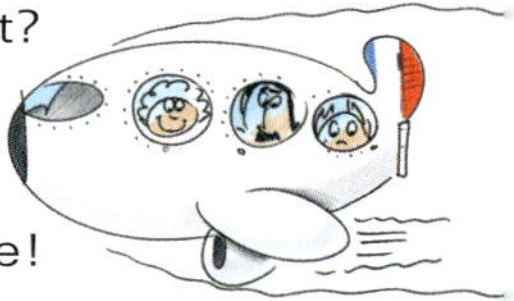

Pascal: Et enfin, nous voilà. Quel est le nom de ...1... aéroport?
Serge: C'est Paris-Charles-de-Gaulle.
Claire: Où est l'entrée?
Pascal: Je crois que c'est ...2... porte-là. Il y a un écriteau*: «départs». Tous ...3... gens – c'est vraiment incroyable!
Claire: C'est toujours comme ça au début des vacances.
Serge: Vous voyez un chariot* pour les bagages?
Pascal: Prends ...4... chariot-là, ...5... dame n'en a plus besoin. Où est notre porte de départ?
Claire: C'est dans ...6... direction. Numéro 13, n'est-ce pas? Ou bien, on demande à ...7... hôtesses de l'air*.
Serge: Non, non. Tu as raison, c'est le numéro 13.

** un long courrier = ein Langstreckenflug, décoller = starten, un écriteau = Hinweisschild, un chariot = hier: ein Gepäckwagen, une hôtesse de l'air = eine Stewardess*

Plier un avion en papier

Il te faut tout simplement une feuille de papier.
Et c'est parti!

1. Plie le papier à la diagonale. Plie les coins de droite et de gauche vers l'intérieur pour former le nez.
2. Plie la pointe/le nez de l'avion en arrière vers le point X.
3. Plie les deux côtés vers l'intérieur, ouvre et pousse les coins entre le nez et les ailes.
4. Ouvre le nez vers le bas et plie les côtés du nez vers la ligne médiane.

C'est fini! Bon vol!

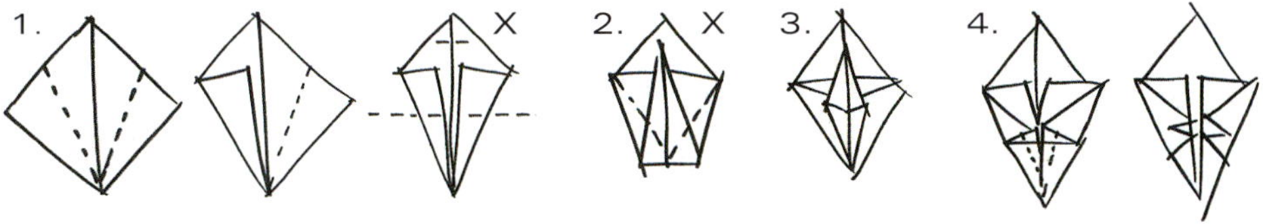

Vocabulaire:
plier = falten, le coin = die Ecke, la pointe = die Spitze, ouvrir = hier: auffalten

solutions page 76

Panneaux de signalisation routière

Tu passes tes vacances en France avec tes parents. Vous vous déplacez en voiture, mais tes parents ne comprennent pas la signalisation routière. Aide-les!

Trouve les panneaux et les significations qui vont ensemble.

a) circulation interdite
b) arrêt à l'intersection
c) virage à droite
d) parcage
e) circulation à sens unique
f) cédez le passage
g) chemin sans issue
h) route prioritaire
i) sens interdit
j) danger

1

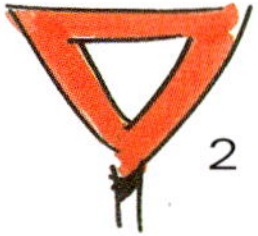
2

6

3

4

7

5

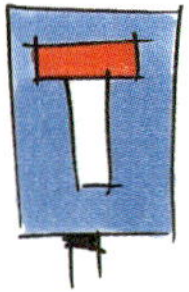
8

9

10

Solutions Chapitre 6: La circulation

p. 65: *1. f), 2. h), 3. d), 4. g), 5. a), 6. e), 7. c), 8. b)*

p. 66: *1.b), 2.a), 3.c), 4.a), 5.b)*

p. 67: *Le premier mode de transport pour les Français est la voiture. Mais juste après, il y a le train. Les Français apprécient le confort des wagons, la possibilité de réservation et la ponctualité des trains. La Société Nationale des Chemins de Fer, la SNCF, fait un grand effort pour rendre le train encore plus attrayant. Il y a des billets à tarif réduit, comme par exemple la Carte Jeune ou des billets de groupe. Le TGV permet au voyageur d'atteindre sa destination parfois plus vite qu'en avion. Et c'est moins cher d'aller en TGV. En plus, le train cause moins de pollution de l'air que la voiture ou l'avion. En total, le train est un mode de transport tout à fait recommendable.*

p. 69: 1. désirez, 2. veux, 3. dois, 4. peux, 5. pouvez, 6. savez, 7. dois, 8. sais, 9. met, 10. prends

p. 70: Regardez, nous sommes ici, dans la rue Louis XIV. Vous allez tout droit jusqu'à la rue Narbonne. Là, vous tournez à droite. Vous continuez tout droit jusqu'aux feux. Au grand carrefour vous tournez à droite, dans l'avenue Marie Curie. Vous continuez tout droit. La troisième rue à votre droite, c'est la rue de la liberté. Prenez-la et vous arrivez sur la place de la liberté. Traversez la place et à votre gauche, vous voyez la cathédrale.

p. 72: 1. cet, 2. cette, 3. ces, 4. ce, 5. cette, 6. cette, 7. ces

p. 74: 1.c), 2.f), 3.b), 4.a), 5.i), 6.h), 7.j), 8.g), 9.e), 10.d)

Claire fait ses courses

solutions page 87

Est-ce que tu connais les expressions françaises pour les choses qu'elle achète?

solutions page 87

Emilie s'achète des vêtements

Emilie va dans une boutique du centre-ville pour s'acheter des nouveaux vêtements.

Ajoute les formes correctes des adjectifs de couleur. Fais attention à l'accord!

D'abord, elle achète un pantalon ...1.....
Puis, elle achète deux t-shirts ...2.....
Puis, elle achète des chaussettes ...3.....
Et elle prend aussi un chapeau ...4.....
Une veste ...5... lui plaît beaucoup. Elle l'achète.
Et puis, elle a encore besoin de chaussures.
Elle en trouve une paire. Elles sont ...6.....
A la fin, elle achète une chemise de nuit ...7.....

Toute fière, elle montre ses achats à son frère Jacques. Il éclate de rire. Il lui dit: «Si tu mets tout ça, tu vas avoir l'air d'un perroquet!»

solutions page 87

Qu'est-ce qu'on met pour aller à la fête?

Pascal a invité Céline et Jacques à sa fête d'anniversaire. Les deux discutent des vêtements qu'ils veulent mettre pour y aller. Trouve les formes correctes des adjectifs **beau, nouveau** et **vieux** (dans le texte b., n. et v.).

Jacques: Qu'est-ce que tu mets pour aller à la fête de Pascal?
Céline: Je ne sais pas encore. Je mets peut-être mon ...1... v. jean.
Jacques: Ce ...2... v. pantalon bleu? Mais il n'est vraiment pas ...3... b.! Pourquoi est-ce que tu ne mets pas ta ...4... b. jupe blanche?
Céline: Ah non, je ne l'aime pas. Quand on la voit, on pense qu'elle est ...5... v.! Ma robe jaune est plus ...6... b..
Jacques: Est-ce que ton ...7... n. ami Georges vient aussi?
Céline: Je ne sais pas. Mais Pascal m'a dit que sa ...8... n. amie Mireille va être là.
Jacques: Oh, Mireille, c'est très intéressant. Alors moi, je vais mettre mes ...9... n. vêtements et mes ...10... n. chaussures noires. Maman a dit que le noir me va très bien.
Céline: Ah bon, mon ...11... b. ami! Tu es peut-être amoureux de Mireille?
Jacques: Amoureux? Mais non! Je la trouve tout simplement très ...12... b., intelligente et sympathique. C'est tout ...

solutions page 87

Encore des faux amis

Voilà quelques faux amis du domaine des achats.
Essaie de trouver les paires qui vont ensemble.

allemand	français
1. Bluse	a) une écharpe
2. Anzug	b) une taille
3. Rock	c) un chemisier
4. Jacke	d) une confiture
5. Weste	e) une jupe
6. Schal	f) une pharmacie
7. Kleidergröße	g) un verre
8. Kosmetik	h) un costume
9. Regal	i) une étagère/un rayon
10. Reklame	j) un comprimé
11. Glas	k) une publicité
12. Eis	l) une tablette
13. Marmelade	m) un gilet
14. Praline	n) une veste
15. Tafel (z.B. Schokolade)	o) un bonbon au chocolat
16. Tablette	p) une glace
17. Apotheke	q) les soins de beauté

Où faire ses achats

Si tu veux faire des achats en France, tu as le choix parmi une grande variété de magasins*. D'abord, il y a les «grandes surfaces», ce sont des magasins très grands à libre service: les «hypermarchés» et les «supermarchés». Normalement, ils sont ouverts de neuf ou dix heures du matin jusqu'à 22 heures.

Puis, il y a le petit commerce ou commerce de détail: les épiceries, boulangeries, boucheries-charcuteries, drogueries, etc. ... dont beaucoup ont disparu ces dernières années à cause de la concurrence des grandes surfaces.

Au cœur des grandes villes, il y a les centres commerciaux: beaucoup de magasins différents, grands et petits, de tout genre y sont regroupés. Le plus connu est le Forum des Halles à Paris.

Puis, il y a les grands magasins, comme p.ex. les Galeries Lafayette, le Printemps ou le Bon Marché où on trouve de tout. Comme magasins populaires, on connaît surtout le Prisunic et le Monoprix.

Et finalement, il y a bien sûr les marchés où on peut acheter des fruits, des légumes, des viandes, poissons et fleurs et parfois aussi des produits artisanaux.

* *Attention: le magasin (= Geschäft) et le magazine (= Zeitschrift)!*

solutions page 87

Comparons!

Regarde bien les images suivantes et forme des phrases correctes. Fais attention à l'accord des adjectifs!

1. 
papa/que/plus vieux/
être/grand-père

2. 
les cerises/les oranges/
moins grand/que/être

3. 
grand-mère/que/maman/
être/plus jeune

4. 
être/Sandrine/que/Sylvie/
aussi joli

5. 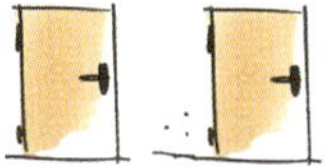
la porte à gauche/être/la porte
à droite/aussi grand/que

6. 
la voiture/être/rouge/plus vieux/
vert/la voiture/que

solutions page 88

Charades

Devine les syllabes, prononce-les à haute voix et tu trouveras l'expression cherchée.

1.
Mon premier est le participe passé du verbe savoir.
Mon second est l'autre mot pour papa.
Mon troisième est l'expression du français familier pour «en avoir assez».
Mon quatrième est une préposition locale.
Mon tout est un centre commercial où on peut faire ses courses.

2.
Mon premier est un animal domestique.
Mon second est le participe passé du verbe rire.
Mon troisième est un élément liquide très important.
Dans mon tout, on met ses courses pour les apporter à la caisse.

solutions page 88

Une boîte de bananes ...?

La maman permet à la petite Véronique de faire les courses pour elle. Mais malheureusement, Véronique a confondu les quantités des articles qu'elle doit acheter. Peux tu l'aider et corriger sa commande?

Chez l'épicier:

Vendeur: Bonjour, ma petite? Qu'est-ce que tu désires?
Véronique: Bonjour, monsieur. Il me faut
- une boîte de bananes
- un litre de pommes de terre
- un paquet de vin rouge
- 300 grammes de lait
- trois maïs
- une bouteille de spaghettis
- une fraise et un kilo de sucettes*.

Vendeur: Ma pauvre petite, ce n'est pas possible.
Véronique: Mais maman me l'a dit.
Vendeur: Je suis désolé. Rentre chez toi, redemande à ta mère et puis, tu reviens. Je ne peux vraiment pas te donner un litre de pommes de terre ...

* *une sucette = ein Lutscher*

solutions page 88

Préparations pour le déjeuner de famille

Traduis le texte suivant.

Am Sonntag hat Marie Geburtstag. Die ganze Familie kommt zum Mittagessen. Heute geht Marie einkaufen.
Sie kauft Kaffee, Mehl, Milch, Zucker, Obst, Fleisch, Gemüse, Salat und Käse. Welches Gemüse kauft sie? Sie nimmt Auberginen, Gurken und Karotten, denn sie mag Karotten sehr gerne. Sie kauft keine Tomaten, denn Tomaten mag sie überhaupt nicht. Außerdem kauft sie noch Kuchen für den Nachtisch.
Das wärs. Das wird ein tolles Fest werden!

Lerntipp: Artikel bei Mengenangaben

Bei der Übersetzung auf Seite 85 ist dir sicher aufgefallen, dass im Deutschen häufig nichts steht, wo im Französischen ein Artikel notwendig ist. Dies ist der Fall bei:

1. einer unbestimmten Anzahl zählbarer Dinge:
   article indéfini pluriel: des
   (z.B.: Ich kaufe Birnen. – J'achète des poires.)
2. einer unbestimmten Menge nicht zählbarer Dinge:
   article partitif: du, de la, de l'
   (z.B.: Ich kaufe Mehl. – J'achète de la farine.)

*Der Artikel heißt **partitif**, weil er eine Teilmenge ausdrückt.*

Vorsicht bei **sans** und **avec**: Bei sans steht auch im Französischen kein Artikel (z.B.: Je bois le café sans sucre.), bei avec aber schon (z.B.: Je bois le café avec du sucre.).

Außerdem ist wichtig, dass bei Verben, die eine Vorliebe oder Abneigung ausdrücken (aimer, préférer, adorer, détester ...), im Französischen der bestimmte Artikel steht, im Deutschen gar nichts (z.B.: Ich liebe Tomaten./ Ich esse Tomaten sehr gerne. – J'aime les tomates.).

Also Achtung: Steht bei Mengenangaben im Deutschen kein Artikel, musst du aufpassen: Hier ist im Französischen fast immer ein Artikel nötig!

Solutions Chapitre 7: Les achats

p. 77: *1. des tomates, 2. des pommes de terre, 3. des carottes, 4. des concombres, 5. une salade/une laitue, 6. du café/un paquet de café, 7. une baguette, 8. des pommes, 9. une poire, 10. des bananes, 11. des oranges, 12. des abricots*

p. 78: *1. vert, 2. rouges, 3. bleues, 4. noir, 5. marron (Achtung, die Farbadjektive marron und orange sind unveränderlich!), 6. violettes, 7. blanche*

p. 79: *1. vieux, 2. vieux, 3. beau, 4. belle, 5. vieille, 6. belle, 7. nouvel, 8. nouvelle, 9. nouveaux, 10. nouvelles, 11. bel, 12. belle*

p. 80: *1.c), 2.h), 3.e), 4.n), 5.m), 6.a), 7.b), 8.q), 9.i), 10.k), 11.g), 12.p), 13.d), 14.o), 15.l), 16.j), 17.f)*

p. 82:
1. Grand-père est plus vieux que papa.
2. Les cerises sont moins grandes que les oranges.
3. Maman est plus jeune que grand-mère.
4. Sandrine est aussi jolie que Sylvie.
5. La porte à gauche est aussi grande que la porte à droite.
6. La voiture rouge est plus vieille que la voiture verte.

p. 83: *1. su, père, marre, chez: un supermarché*
2. chat, ri, eau: un chariot

p. 84: *une boîte de maïs, un litre de lait, un paquet de spaghettis, 300 grammes de fraises, trois bananes, une bouteille de vin rouge, une sucette, un kilo de pommes de terre*

p. 85: *Dimanche, c'est l'anniversaire de Marie. Toute la famille vient pour le déjeuner. Aujourd'hui, Marie va faire les courses. Elle achète du café, de la farine, du lait, du sucre, des fruits, de la viande, des légumes, de la salade et du fromage. Qu'est-ce qu'elle achète comme légume(s)? Elle prend des aubergines, des concombres et des carottes, parce qu'elle aime les carottes. Elle n'achète pas de tomates, parce qu'elle n'aime pas du tout/déteste les tomates. En plus, elle achète du gâteau comme dessert.*
Ça y est. Ça va être une fête formidable!

Trouve l'intrus

Un mot de chaque série ne va pas avec les autres. Lequel? Et pourquoi?

solutions page 100

Exemple:
café, thé, limonade, bière, jus d'orange
bière est l'intrus, parce que c'est une boisson avec de l'alcool

1. serviette, fourchette, couteau, cuillère
2. agneau, bœuf, veau, porc, truite
3. pommes de terre, carottes, pommes, haricots verts, tomates
4. cidre, champagne, cognac, pastis, bière blanche
5. café au lait, croissant, saucisse, thé, pain au chocolat

6. crèpes Suzette, escargots à la Bourguignonne, profiteroles, fruits, gâteau
7. dîner, entrée, plat de résistance, dessert, fromage

solutions page 100

Le menu parfait

Marie veut inviter son chef au dîner. Elle veut lui offrir un menu parfait. Elle en discute avec Fabien.

Ajoute les expressions qui manquent parmi ces mots:

des amuse-gueule – un apéritif (2x) – le café – le dessert (2x) – deuxième – un digestif*– une entrée – du fromage – un hors-d'œuvre – un plat – un plat de résistance* – premier – un repas – une salade – du vin blanc – du vin rouge*

Marie: D'abord, on offre ...1... avec ...2..., des olives et des canapés*. Comme ...3... on prend des avocats aux fruits de mer. Notre ...4... plat, le ...5..., sera un «rôti d'agneau*» avec des légumes. Puis, on prend ...6... verte. Comme quatrième ...7..., on aura ...8.... Et après, on prend ...9....

Fabien: J'adore les profiteroles au chocolat*!

Marie: Ah oui, d'accord, moi aussi. Et après, on prend ...10... et puis ...11....

Fabien: Parlons des boissons! Comme ...12..., je propose un Porto, avec le ...13... plat on boit ...14..., qui va bien avec des fruits de mer. Avec le rôti, on prend ...15..., par exemple un Bordeaux qui va aussi bien avec le fromage. Et avec ...16..., on prend du champagne.

Marie: N'oublions pas le pain et l'eau et ça va être ...17... parfait.

** un amuse-gueule = ein Appetitanreger, un digestif = ein Verdauungsschnaps, un plat de résistance = ein Hauptgericht, un canapé = ein Häppchen, un rôti d'agneau = Lammbraten, les profiteroles au chocolat = mit Vanilleeis gefüllte Windbeutel mit Schokoladensoße*

solutions page 100

Au restaurant

Aujourd'hui, Paul et Sophie fêtent leur anniversaire de mariage. Ce soir, ils vont dîner dans leur restaurant préféré. Ajoute les formes correctes des verbes.

Garçon:	Bonsoir, madame, bonsoir, monsieur.	
	Vous ...(1)...?	! désirer
Paul:	Bonsoir. Aujourd'hui, c'est notre anniversaire de	
	mariage. En cet honneur*, nous ...(2)... d'abord un	! prendre
	apéritif. Moi, je ...(3)... un pastis. Et toi, qu'est-ce	! prendre
	que tu ...(4)..., ma chérie?	! vouloir
Sophie:	Je ...(5)... un verre de champagne. Et qu'est-ce	! préférer
	que nous ...(6)...?	! manger
Paul:	Je pense que nous ...(7)... par une assiette de	! commencer
	hors-d'œuvre. Puis, on ...(8)... le Coq au Riesling	! prendre
	et après, une bonne salade.	
Garçon:	Je vous ...(9)... notre «salade Béatrice».	! recommander
Paul:	D'accord. Pour le fromage et le dessert, on	
	vous ...(10)... encore une fois.	! appeler
Garçon:	Très bien. Alors, je ...(11)... votre commande. (...)	! répéter
	Vous ...(12)... votre vin dans notre carte des vins.	! choisir
	Je l' ...(13)... tout de suite.	! apporter

*en cet honneur = zur Feier des Tages

Comment préparer une mousse au chocolat

Pour six personnes, il te faut
- 4 œufs
- 250 g de chocolat noir en tablette
- 3 cuillerées de lait
- 2 cuillerées à soupe de sucre en poudre

Préparation:

Battre les blancs d'œufs en neige bien ferme. Faire fondre le chocolat dans 3 cuillerées de lait, à feu très doux. Ajouter le sucre, laisser légèrement refroidir. Ajouter alors les jaunes d'œufs en remuant rapidement. Laisser reposer 5 minutes et mélanger le tout avec les blancs d'œufs battus en neige. Verser le tout dans le récipient de service et laisser refroidir complètement, avant de mettre au réfrigérateur 2 ou 3 heures.

Variation: Avec du chocolat blanc, on prépare une mousse blanche (encore plus douce).

Attention:
- Les œufs doivent être absolument frais!
- On mange la mousse toute fraîche et on ne garde pas les restes (il y en a rarement ...)!

Bon appétit!

Lerntipp: Objektpronomen

Die Personalpronomen vertreten das Subjekt im Satz (Frage: wer oder was?), deshalb nennt man sie auch Subjektpronomen. Um die Objekte in Sätzen nicht ständig zu wiederholen, helfen die so genannten Objektpronomen. Im Französischen gibt es direkte Objekte (Frage: wen oder was?) und indirekte Objekte (Frage: wem oder was?).

Bei der ersten und zweiten Person Singular und Plural heißen die Objektpronomen beim direkten und indirekten Objekt gleich. Bei der dritten Person wird zwischen dem direkten und dem indirekten Objekt unterschieden.

1. P. Sg. me — 1. P. Pl. nous
2. P. Sg. te — 2. P. Pl. vous

Direktes Objekt:

3. P. Sg. m le (vor Vokal l')
3. P. Sg. f la (vor Vokal l')
3. P. Pl. m/f les

Indirektes Objekt:

3. P. Sg. m/f lui
3. P. Pl. m/f leur

Achtung: lui und leur vertreten nur Personen oder Tiere!

Wichtig ist die Stellung der Pronomen: Sie stehen anders als im Deutschen vor dem konjugierten Verb (Tu vois Christine? – Je la vois.), innerhalb der Verneinungsklammer (Non, je ne la vois pas.). Aber: Bei einem Verb mit Infinitiv stehen sie vor dem Infinitiv (Tu peux voir Christine? – Oui, je peux la voir./Non, je ne peux pas la voir.).

solutions page 100

Mon repas préféré

Jacques et Céline passent les vacances chez leurs grands-parents, Jean-Claude et Christine. Mamie* fait toujours les repas préférés de ses petits-enfants.

Ajoute les pronoms objets nécessaires. (2x me, 5x vous, 4x le, 1x les, 2x lui – fais attention aux apostrophes!)

Christine: Alors, les enfants, qu'est-ce qu'on mange aujourd'hui? Je ...(1)... écoute, Jacques et Céline.
Jacques: Moi, j'aime les crêpes. Je ...(2)... adore vraiment.
Céline: Ah non, ne ...(3)... écoute pas. Je veux une salade niçoise.
Christine: Je ...(4)... écoute tous les deux parce que je ...(5)... aime tous les deux. Je fais la salade comme entrée et les crêpes comme dessert.
Céline: Bonne idée. Où est papi*? Il faut ...(6)... demander s'il est d'accord.
Jacques: Je ne ...(7)... vois pas.
Christine: Je pense que ça ...(8)... est égal. Ne ...(9)... inquiétez pas. Ah, ...(10)... voilà! Qu'est-ce que tu ...(11)... apportes, chéri?
Jean-C.: Je viens du marché. Le marchand ...(12)... a recommandé son poulet. Alors, je ...(13)... ai acheté.
Christine: Formidable. Alors, on va faire un poulet rôti comme plat de résistance. Ça ...(14)... plaît, les jeunes?
Jacques et Céline: C'est génial!

* *mamie = Oma, papi = Opa*

solutions page 100

Manger et boire à la française

Les Français ont quelques habitudes spéciales en ce qui concerne l'alimentation.
Est-ce que tu les connais?

1. Qu'est-ce que le «Français typique» prend pour le petit déjeuner?
   a) des œufs au jambon b) du café ou café au lait avec un croissant ou du pain avec du beurre c) des biscuits avec du fromage
2. Qu'est-ce qu'on ne dit pas du tout pour exprimer qu'on a assez mangé?
   a) «Merci, je suis pleine.» b) «Merci beaucoup, mais je suis rassasié(e).»
   c) «Non merci, je n'ai plus faim.»
3. Quand est-ce qu'on prend le café en France?
   a) à minuit b) à trois heures c) après le repas
4. Quelle boisson est-ce que les adultes boivent normalement avec le poisson?
   a) un coca b) du vin blanc c) du vin rouge
5. Comment est-ce qu'on appelle la boisson au début du repas?
   a) digestif b) alternatif c) apéritif

Changement des habitudes d'alimentation

Célébrer le repas – c'est une grande tradition en France. Et le week-end ou les jours de fête, presque tous les Français/es prennent un grand menu composé de quatre, cinq ou six plats. La durée d'un repas peut varier d'une heure à deux ou trois heures.
Mais dans la vie de tous les jours, les traditions changent. A midi, par exemple, beaucoup de Français/es ne mangent pas à la maison.
La pause de midi est souvent très brève, alors on préfère la «restauration rapide» à l'américaine, le «snacking».
Et qu'est-ce que les Français/es mangent comme «snack»? A part les produits qu'on connaît aussi chez nous, il y a par exemple le «croque-monsieur», un toast avec du jambon et du fromage. Il y a une grande variation de sandwichs, par exemple «un jambon beurre», et de crêpes farcies (sucrées ou relevées*). Les gens plus sportifs prennent une salade, les enfants adorent les pommes frites – comme chez nous.
Et où est-ce qu'on va pour manger si vite? N'allez surtout pas dans un vrai «restaurant» pour manger quelques pommes frites! On va dans un bar, dans une crêperie, dans un libre-service ... Bon appétit!

* relevé = pikant

solutions page 100

«Bons amis»

Bien sûr, il n'y pas seulement les «faux amis» français-allemands que tu connais déjà. Il y a beaucoup de mots français qui existent aussi en allemand et qu'il ne faut pas apprendre à part, on pourrait les appeler les «bons amis». Il faut toutefois faire attention au genre des mots, surtout quand le mot allemand est neutre.

Voici quelques exemples du domaine de l'alimentation, est-ce que tu en connais d'autres?

Cherche l'article correct pour chaque substantif!

12. bonbon
17. sauce
8. saucière
19. gourmand
1. restaurant
16. apéritif
18. crêpe
2. service
14. cognac
13. bouillon
6. croissant
5. gourmet
15. baguette
11. serviette
7. pommes frites
3. menu
20. camembert
10. digestif
9. brioche
4. dessert

Humour

Pascal est invité à déjeuner chez son oncle André.
André: «Reprends-en, de ces crêpes. Je vois que tu les aimes bien.»
Pascal: «Merci bien, mais j'en ai déjà en huit.»
André: «Tu en as en onze ... mais on ne compte pas à table!»

La maîtresse demande à Toto:«Qu'est-ce qu'un repas bien équilibré?»
Toto répond:«C'est une glace à la vanille dans la main droite et une au chocolat dans la main gauche.»

Au restaurant:
Client: «Garçon, il y a une mouche dans ma soupe.»
Garçon: «Non, il n'y en a pas!»
Client: «Mais enfin, regardez.»
Garçon: «Voyons, monsieur, ce n'est pas une mouche mais un moustique et ensuite, ce n'est pas une soupe mais un potage.»

Les rallonges

Voici un jeu très efficace pour entraîner par exemple ton vocabulaire ou certains chapitres de la grammaire: il s'appelle «les rallonges».

Il faut deux personnes au minimum. La première personne commence par une phrase simple, par exemple «Je vais au restaurant et je commande un coca.» La deuxième personne répète la phrase et ajoute une expression, par exemple «Je vais au restaurant et je commande un coca et une soupe.» On continue ainsi de suite. Il faut répéter la phrase complète chaque fois. Faites attention à la prononciation!

Il y a un grand nombre de possibilités de sujets, par exemple:
- «Pour faire un bon gâteau, il me faut de la farine …»
  (entraînement du vocabulaire et de l'article partitif)
- «Comme dessert, j'aime les fruits …»
  (vocabulaire et articles)
- «Pendant les vacances, j'ai joué au football …»
  (vocabulaire et passé composé)

…

Amusez-vous bien!

Solutions Chapitre 8: La nourriture et les boissons

p. 89: *1. serviette – n'est pas un couvert*
2. truite – n'est pas une viande, 3. pommes – n'est pas un légume
4. bière blanche – n'est pas typiquement française
5. saucisse – en France, on n'en mange pas pour le petit déjeuner
6. escargots – ne sont pas un dessert
7. dîner – n'est pas un plat, mais un repas

p. 90: *1. un apéritif, 2. des amuse-gueule, 3. hors-d'œuvre/entrée, 4. deuxième, 5. plat de résistance, 6. une salade, 7. plat, 8. du fromage, 9. le dessert, 10. le café, 11. un digestif, 12. apéritif, 13. premier, 14. du vin blanc, 15. du vin rouge, 16. le dessert, 17. un repas*

p. 91: *1. désirez, 2. prenons, 3. prends, 4. veux, 5. préfère, 6. mangeons, 7. commençons, 8. prend, 9. recommande, 10. appelle, 11. répète, 12. choisissez, 13. apporte*

p. 94: *1. vous, 2. les, 3. l' (écouter qn., also direktes Objekt!), 4. vous, 5. vous, 6. lui (demander qc. à qn., also indirektes Objekt!), 7. le, 8. lui, 9. vous, 10. le, 11. m' (möglich auch: nous), 12. m', 13. l', 14. vous*

p. 95: *1.b), 2.a), 3.c), 4.b), 5.c)*

p. 97: *1. le, 2. le, 3. le, 4. le, 5. le, 6. le, 7. les (f), 8. la, 9. la, 10. le, 11. la, 12. le, 13. le, 14. le, 15. la, 16. l' (m), 17. la, 18. la, 19. le, 20. le; z.B.: le champagne, la crème, la mousse au chocolat ...*

La France – l'Hexagone

solutions page 112

Quand on décrit la géographie de la France, on parle souvent de «l'Hexagone» parce que le pays a la forme d'un hexagone.

Est-ce que tu connais les villes et les fleuves importants de notre voisin?

Alors, trouve les suivants sur la carte:

la Dordogne, la Garonne, la Loire, le Rhône, la Seine;

Bordeaux, Dijon, Lille, Lyon, Marseille, Paris, Poitiers, Rennes, Strasbourg, Toulouse

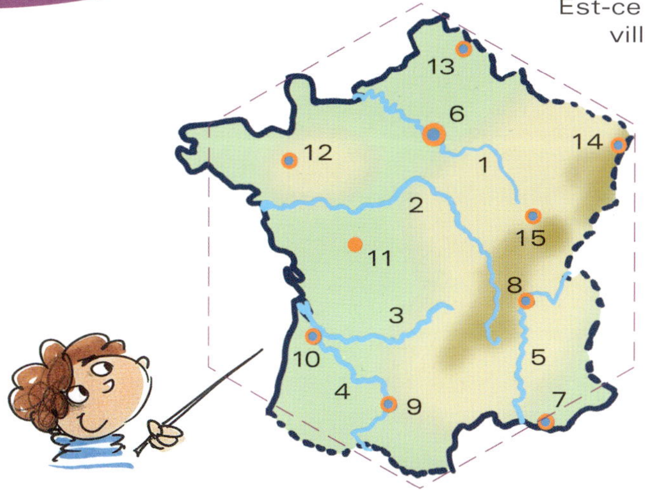

solutions page 112

La Baguette magique

Sur la carte, tu vois les 22 régions de la France. Voici leurs noms – malheureusement, la baguette magique a melangé les syllabes. Est-ce que tu trouves les noms (quelques-uns avec leurs articles) corrects?

1. *ce - sa - l' - Al*
2. *A - l'- ne - tai - qui*
3. *ver - Au - l' - gne*
4. *se - die - Nor - la - Bas - man*
5. *Bour - la - gne - go*
6. *gne - la - Bre - ta*
7. *tre - le - Cen*
8. *den - Cham - ne - pa - gne - Ar*
9. *Cor - la - se*
10. *Com - la - che - Fran - té*
11. *man - Hau - la - die - te - Nor*
12. *de - ce - Ile - Fran*
13. *Rous - doc - gue - Lan - sillon*
14. *mou - Li - le - sin*
15. *ne - la - Lor - rai*
16. *Py - di - nées - Mi - ré*
17. *lais - Nord - de - Pas - Ca*
18. *les - re - la - Pays - de - Loi*
19. *la - die - Pi - car*
20. *tes - Cha - Poi - ren - tou*
21. *d'A - Pro - Al - zur - Côte - vence - pes*
22. *pes - ne - Rhô - Al*

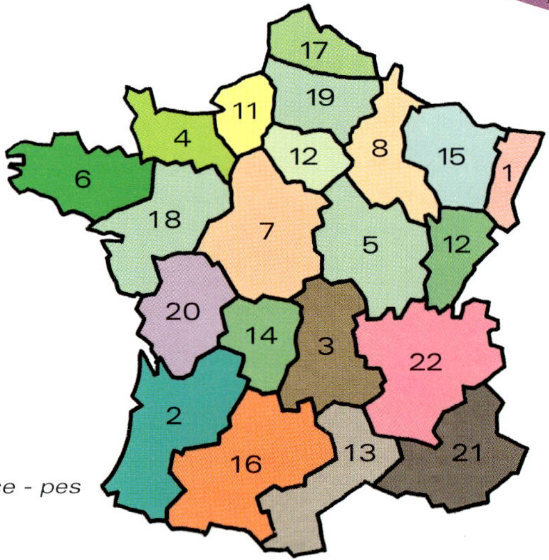

Lerntipp: «y/en»

Im Lerntipp auf Seite 93 hast du schon die Objektpronomen kennen gelernt. Zwei weitere wichtige Pronomen sind die kleinen Wörter y und en:

y vertritt Ergänzungen, die mit à angeschlossen werden:
- wenn es sich um Sachen (nicht um Personen!) handelt
z. B. Tu as pensé au dessert? – Mais bien sûr, j'y ai pensé.
- sowie bei Ortsergänzungen mit à, dans, en, sous, sur u.a. (aber nicht de!), z. B. Pierre habite à Paris. – Il y habite.

en vertritt Ergänzungen, die mit de angeschlossen werden:
- wenn es sich um unbestimmte Mengen handelt
z.B. Tu achètes de la farine? – Oui, j'en achète. (dt. «welches»)
- oder um eine Kombination aus Mengen- oder Zahlwort + de + Nomen
z. B. Tu achètes beaucoup de farine? – Oui, j'en achète beaucoup.
Tu achètes un kilo de farine? – Oui, j'en achète un kilo.
(Achtung: Hier steht im Deutschen kein vergleichbares Pronomen!!!)
- oder um eine mit de angeschlossene Ortsangabe
z.B. Je viens de Paris. – J'en viens.

Die Stellung beider Pronomen ist dieselbe wie bei den Objektpronomen (siehe auf Seite 93)! Achtung: Das Pronomen en ist nicht zu verwechseln mit der Präposition en (z.B. J'habite en France.)!

solutions page 112

Mille raisons de passer ses vacances en France

Complète le texte par les pronoms «y» ou «en».

Florian: Cette année, je vais passer mes vacances en France avec mes parents. Mais je n'...(1)... ai pas envie.

Julia: Mais pourquoi? Beaucoup de gens ...(2)... voyagent. Il ...(3)... a un tas de raisons d' ...(4)... aller. On ...(5)... trouve un grand nombre de choses à visiter, il ...(6)... ...(7)... a dans toutes les régions de la France, p.ex. les menhirs en Bretagne, les châteaux de la Loire ...

Florian: Ah, je déteste les visites de monuments. Mais tu m'as dit qu'il ...(8)... a un tas de raisons. Tu ...(9)... connais d'autres?

Julia: Bien sûr. La grande diversité des paysages attire beaucoup de touristes. Tu ...(10)... trouves des montagnes, des lacs, des rivières, des forêts, des vignobles, des plages, la mer – ma mère ...(11)... est absolument fascinée. Mon père adore la cuisine française et il est un vrai connaisseur en bons vins français. Il ...(12)... achète chaque fois que nous sommes en France. Puis, on peut ...(13)... faire du sport, p.ex. de l'alpinisme, de la natation, du vélo, etc. et les gens sont très sympatiques. Tu vas ...(14)... passer des vacances magnifiques, j' ...(15)... suis sûre.

Florian: Après tout ce que tu m'as raconté, j'ai vraiment envie d' ...(16)... aller.

Fêtes et traditions

La première fête de l'année est le Jour de l'An, le premier janvier. On se souhaite une bonne année et se donne des étrennes, c'est-à-dire des cadeaux pour le nouvel an (encore des cadeaux, huit jours après Noël!). Le 6 janvier, c'est le jour de l'Epiphanie. En France, on «tire les rois»: on fait ou achète une «galette des rois», un gâteau spécial qui contient la fève*. On partage la galette et celle ou celui qui trouve la fève dans sa part est le roi ou la reine et reçoit une couronne*. A Pâques, on donne des œufs en sucre ou en chocolat aux enfants. Le premier avril est le jour des plaisanteries* (p.ex. le «poisson d'avril»). Le 14 juillet, c'est le jour de la Fête nationale des Français. En 1789, le peuple de Paris a pris la Bastille – c'était le début de la Révolution française. Il y a un grand défilé sur les Champs-Elysées et des bals et des feux d'artifice, partout. La fête la plus populaire pour les enfants est Noël. En famille, on décore le sapin de Noël, on met les chaussons* sous le sapin et dans la nuit, le Père Noël met les cadeaux là-dedans. Le soir du 24 décembre on mange un grand menu de fête et on chante des chants de Noël. Le 25, on se lève tôt et on trouve les cadeaux du père Noël sous le sapin.

** une fève = eine Saubohne, une couronne = eine Krone, une plaisanterie = ein Scherz, un chausson = ein Hausschuh*

Les vacances en France

solutions page 112

Ajoute les adverbes suivants: assez, complètement, franchement, lentement, par contre, pareillement, peu à peu, toujours, vite, vraiment

En juillet, les grandes vacances en France commencent.
La plupart des Français vont vers la mer. Ils partent tous en même temps, tous dans les mêmes directions et presque tous en voiture.
Par conséquent, le premier week-end en juillet, les autoroutes vers le sud sont ... 1 ... bloqués par des bouchons*. Certains parlent ... 2 ... d'une «catastrophe nationale».
Pendant les vacances, la vie sociale, économique et politique s'arrête presque ... 3 .... Environ 60 % des entreprises ferment leurs portes au moins 15 jours au mois d'août, les petits commerces font ... 4 .... Acheter sa baguette de tous les jours peut devenir ... 5 ... difficile. Les écoliers ont passé leurs examens – tous à la même date – et ont ... 6 ... mérité un peu de détente. Les Parisiens sont partis, Paris est aux touristes. En août, tout marche plus ... 7 ....
... 8 ..., le mois de septembre, c'est le mois de la rentrée. Les vacanciers sont de retour, tout le monde reprend ... 9 ... son travail. Dans les écoles, les cours recommencent.
La France se réveille ... 10 ... – comme la Belle au bois dormant*.

** un bouchon = ein Stau, la Belle au bois dormant = Dornröschen*

Lerntipp: passé composé

Mit dem passé composé werden abgeschlossene Handlungen in der Vergangenheit ausgedrückt. Gebildet wird es mit einer Präsensform von avoir oder être und dem participe passé des Verbs, das in die Vergangenheit gesetzt werden soll. Die participes passés der regelmäßigen Verben werden gebildet aus dem Wortstamm +

-é	*bei den Verben auf -er*	*z.B. acheter*	*j'ai acheté*
-u	*bei den Verben auf -dre*	*z.B. répondre*	*j'ai répondu*
-i	*bei den Verben auf -ir*	*z.B. finir*	*j'ai fini*

Das participe passé der unregelmäßigen Verben muss man extra lernen! Die wichtigsten sind:

avoir (j'ai eu)	*dire (j'ai dit)*	*faire (j'ai fait)*	*pouvoir (j'ai pu)*	*venir (je suis venu)*
croire (j'ai cru)	*écrire (j'ai écrit)*	*lire (j'ai lu)*	*prendre (j'ai pris)*	*voir (j'ai vu)*
devoir (j'ai dû)	*être (j'ai été)*	*mettre (j'ai mis)*	*savoir (j'ai su)*	*vouloir (j'ai voulu)*

Wann bildet man das passé composé mit avoir und wann mit être?

Die allermeisten Verben bilden das passé composé mit avoir. Nur wenige – darunter viele Verben der Bewegungsrichtung –, die aber häufig vorkommen, bilden es mit être, z. B. aller, venir, arriver, partir, entrer, rentrer, sortir, monter, descendre, partir, revenir, retourner, außerdem tomber und rester.

Wenn das passé composé mit être gebildet wird, richtet sich das Partizip im Genus und Numerus nach dem Subjekt (z.B.: Annie et Claire disent: «Nous sommes allées à Paris.»).

solutions page 112

Un peu d'histoire ...

Voici quelques dates importantes de l'histoire française. Mets les phrases suivantes au passé composé.

1. 58-51 av. J.-C.: César soumet les Gaulois après la victoire contre Vercingétorix à Alésia en 52.
2. 800: Charlemagne devient empereur d'Occident. Il établit une administration centralisée.
3. 843: Le traité de Verdun partage l'empire de Charlemagne en trois royaumes qui reviennent à trois rois: la France à Charles le Chauve, la Lotharingie à Lothaire et la Germanie à Louis le Germanique. A ce moment-là, la France est née.
4. 1661-1715: Le règne de Louis XIV est le plus long de l'histoire de France. On l'appelle le «Roi Soleil». Ce roi absolu aime toutes les formes de l'art, mais le peuple souffre des guerres et de la misère.
5. 1789: La Révolution française apporte des changements radicaux dans le domaine social, politique, juridique, administratif et économique. Les idées de la Révolution, «liberté, égalité, fraternité», deviennent la base de la lutte pour l'état démocratique. On déclare les droits de l'homme.
6. 1799-1815: Epoque de Napoléon Bonaparte qui met l'Europe à feu et à sang.

Lire la suite dans les livres d'histoire ...

solutions page 112

La BD

La BD, c'est un art très apprécié en France.
Quelques dessinateurs et leurs héros sont des idoles.
Est-ce que tu t'y connais en BD?

1. «BD», est-ce que ça signifie
   a) bref et dur,
   b) bande dessinée ou
   c) beaux dessins?

2. Je suis un petit chien. Mes meilleurs amis s'appellent Astérix et Obélix. Nous sommes des Gaulois très forts et courageux et nous aimons nous battre avec les Romains. Quel est mon nom?

3. Je suis un personnage de bande dessinée. Ma profession est celle d'un journaliste. Avec mon copain Capitaine Haddock et mon chien Milou je me lance dans beaucoup d'aventures. Quel est mon nom en français? Et en allemand?

4. Où est-ce que le fameux «festival de la BD» a lieu chaque année en janvier? (D'ailleurs, dans cette ville, il y a aussi le musée de la BD, qu'il faut visiter absolument!) Est-ce que c'est à
   a) Cannes
   b) Avignon
   c) Angoulême?

solutions page 113

L'Académie française

Les Académiciens vont être choqués: on a oublié de séparer les mots du texte suivant. Est-ce que tu peux rétablir le texte correct?

LesFrançaissonttrèsfiersdeleurlangue.Elleestunsymboledel'
uniténationaleetilyamêmeuneinstitutionofficiellequiveillesurle
«bonusage»dufrançais:«l'Académiefrançaise».Elledécidecequiestdu
«bonfrançais»,cequ'ilfautdireetcequ'ilnefautpasdire.Ellepublieunegrammair
eetundictionnairequ'onpeutconsulterquandonadesdoutes.L'Académieseco
mposede40membresqu'onappelleaussi«lesimmortels».Ellepubliérégulière
mentdeslistesavecdesmots«franglais»,c'estàdiredesmotsd'origineangloam
éricaine,qu'ilnefautpasemployeretnommeleséquivalentsfrançais.Depuis19
75,ilexistemêmeuneloiquiinterditl'emploidesmots«franglais»s'ilyaunmotfra
nçaisdelamêmesignification(parexemplelefastfood–larestaurationrapide,le
walkman–lebaladeur)!Lesréformesdelalangue,surtoutdel'orthographe,ontp
resquetouséchoué,carellessontconsidéréescomme«sacrées»parbeaucoup
deFrançais.Maisbiensûr,onconstatedesvariantesdanslefrançaisd'aujourd'h
ui.Ilyalesdifférentsniveauxdelangue:le«françaislittéraireousoutenu»,le«fran
çaispopulaire»,le«françaisfamilier»et«l'argot».

Vocabulaire:
veiller sur qc. = über etwas wachen, échouer = scheitern, sacré = heilig, soutenu = gepflegt

solutions page 113

Vrai ou faux?

Pour finir, tu peux tester ton savoir sur la France.
Il faut décider chaque fois si la phrase est vraie ou fausse. Bonne chance!

1. La superficie de la France est plus grande que celle de l'Allemagne.
2. La France a plus d'habitants que l'Allemagne.
3. Le fleuve le plus long est la Seine.
4. La capitale de la France est Paris.
5. Le drapeau de la France est vert-blanc-rouge.
6. L'hymne national de la France s'appelle la «Dijonnaise».
7. On appelle la France aussi «le Pentagone».
8. «L'Ile de France» est une île dans l'océan atlantique.
9. Autrefois, les Français s'appelaient les «Gaulois».
10. La langue française est la plus belle du monde.

Au revoir et à bientôt!!!

Solutions Chapitre 9: La France

p. 101: *1. la Seine, 2. la Loire, 3. la Dordogne, 4. la Garonne, 5. le Rhône; 6. Paris, 7. Marseille, 8. Lyon, 9. Toulouse, 10. Bordeaux, 11. Poitiers, 12. Rennes, 13. Lille, 14. Strasbourg, 15. Dijon*

p. 102: *1. l'Alsace, 2. l'Aquitaine, 3. l'Auvergne, 4. la Basse-Normandie, 5. la Bourgogne, 6. la Bretagne, 7. le Centre, 8. Champagne-Ardenne, 9. la Corse, 10. la Franche-Comté, 11. la Haute-Normandie, 12. Ile-de-France, 13. Languedoc-Roussillon, 14. le Limousin, 15. la Lorraine, 16. Midi-Pyrénées, 17. Nord-Pas-de-Calais, 18. les Pays de la Loire, 19. la Picardie, 20. Poitou-Charentes, 21. Provence-Alpes-Côte d'Azur, 22. Rhône-Alpes*

p. 104: *1. en, 2. y, 3. y, 4. y, 5. y, 6. y, 7. en, 8. y, 9. en, 10. y, 11. en, 12. en, 13. y, 14. y, 15. en, 16. y*

p. 106: *1. toujours, 2. franchement, 3. complètement, 4. pareillement, 5. assez, 6. vraiment, 7. lentement, 8. par contre, 9. vite, 10. peu à peu*

p. 108: *1. a soumis, 2. est devenu, a établi, 3. a partagé, sont revenus, a été, 4. a été, a appelé, a aimé, a souffert, 5. a apporté, sont devenues, a déclaré, 6. a mis*

p. 109: *1. b), 2. Idéfix, 3. frz.: Tintin/dt.: Tim, 4. c) (Le festival de Cannes en mai est celui du cinéma et le festival d'Avignon en juillet est celui du théâtre.)*

p. 110: *Les Français sont très fiers de leur langue. Elle est un symbole de l'unité nationale et il y a même une institution officielle qui veille sur le «bon usage» du français: «l'Académie française». Elle décide ce qui est du «bon français», ce qu'il faut dire et ce qu'il ne faut pas dire. Elle publie une grammaire et un dictionnaire qu'on peut consulter quand on a des doutes. L'Académie se compose de 40 membres qu'on appelle aussi «les immortels».*
Elle publie régulièrement des listes avec des mots «franglais», c'est-à-dire des mots d'origine angloaméricaine, qu'il ne faut pas employer et nomme les équivalents français. Depuis 1975, il existe même une loi qui interdit l'emploi des mots «franglais» s'il y a un mot français de la même signification (parexemple le fastfood – la restauration rapide, le walkman – le baladeur)! Les réformes de la langue, surtout de l'orthographe, ont presque tous échoué, car elles sont considérées comme «sacrées» par beaucoup de Français.
Mais bien sûr, on constate des variantes dans le français d'aujourd'hui. Il y a les différents niveaux de langue: le «français littéraire ou soutenu», le «français populaire», le «français familier» et «l'argot».

p. 111: *1. vrai (F: 551 000 km^2, D: 357 000 km^2), 2. faux (F: 57,9 Mio., D: 81,4 Mio.), 3. faux (C'est la Loire avec 1020 km, la Seine a 776 km.), 4. vrai, 5. faux (C'est bleu-blanc-rouge.), 6. faux (C'est la «Marseillaise».), 7. faux (C'est «l'Hexagone.»), 8. faux (C'est le nom de la région parisienne.), 9. vrai, 10. vrai (disent les Français)*

Übersicht über Übungen zu bestimmten grammatischen Themen:

Übersicht über Lerntipps

Spielerisch Fremdsprachen lernen

... mit weiteren Sprach-
büchern aus dem Verlag
ars Edition!

Hier eine Auswahl:

ISBN 3-7607-**4724-8**

ISBN 3-7607-**4725-6**

ISBN 3-7607-**4719-1**
Tonkassette **-4748-5**

ISBN 3-7607-**4720-5**
Tonkassette **-4749-3**